Heidi Grund-Thorpe

Socken stricken

Kreative & trendige Modelle

Weltbild

Inhalt

Vorwort

Socken stricken liegt wieder voll im Trend. Kein Wunder, denn die modernen Sockengarne haben nichts mehr gemein mit den unauffälligen, meist mausgrauen Materialien von anno dazumal. Kunterbunt und fröhlich sind die neuen Garne, und die fertigen Socken brauchen sich keineswegs unter Hosen oder daheim an langen Winterabenden unter der Decke zu verstecken.

Originelle Muster und Streifen fließen heute wie von selbst vom Wollknäuel. Wie das geht? Mit Mustern, die im Computer generiert sind und von Herstellern in die Wolle eingearbeitet werden. Sie brauchen also nur noch mit einem Faden zu stricken und erhalten höchst kompliziert wirkende Jacquardmuster ganz ohne aufwändige Farbwechsel – und ohne sich die Finger dabei zu verknoten und die Lust zu verlieren.

Dabei können Sie wählen zwischen luftigen Baumwollgarnen für den Sommer oder den Sport, Wollgarnen mit und ohne Stretchanteil für den Winter, und edler Seide für verwöhnte Luxusfüße. Egal aus welcher Qualität, die Sockengarne sind in unzähligen Farb- und Musterkombinationen erhältlich. Gemischt mit Flauschgarnen erhalten Sie witzige und individuelle Socken, die Sie garantiert nicht im Laden kaufen können.

Genau darin liegt auch nach wie vor der Reiz von selbst gestrickten Socken. Sie erhalten Unikate, mit denen Sie Ihren Füßen etwas ganz Besonderes gönnen. Auch als Geschenk sind gestrickte Socken der Hit, denn mit kaum einer anderen Handarbeit drücken Sie so treffsicher Liebe und Verbundenheit aus.

Praktischerweise lassen sich die im Buch gezeigten Modelle für Kinder und Erwachsene mit den Größentabellen am Ende des Buches auf jede andere Fußgröße übertragen. Die ausführlich illustrierten Schritt-für-Schritt-Anleitungen am Anfang des Buches zeigen Strickanfängern vom Maschenanschlag bis zum Abketten alles, was sie für's Socken stricken wissen müssen. Aber auch für Profis lohnt sich der Blick in die Einführungsseiten, denn hier werden praktische Tricks und Kniffe, die Sie vielleicht noch nicht kennen, anschaulich erklärt. Neben dem traditionellen Fersenkäppchen mit Zwickel etwa wird auch die wiederentdeckte, passgenaue Schräge Ferse mit verkürzten Reihen ausführlich erläutert.

Also, nichts wie ran an die Stricknadeln. Sie werden sehen, Socken stricken ist kinderleicht und macht Riesenspaß!

Kleines Strick-ABC

Auch diejenigen unter Ihnen, die schon stricken können, erfahren auf den folgenden Seiten Nützliches zum Thema Socken stricken. Durchlesen lohnt sich!

SO GEHT'S LOS

Jedes Strickstück, auch Socken, beginnen mit dem Maschenanschlag. Für Socken benötigen Sie jedoch statt zwei Nadeln ein Nadelspiel mit fünf gleichen Nadeln sowie für die Ferse eine Zusatznadel in gleicher Größe. Drei gebräuchliche Anschlagstechniken, den Kreuzanschlag, den Italienischen Anschlag und das Aufstricken, finden Sie nachfolgend.

KREUZANSCHLAG

❶ **Am Anfang steht** immer die Schlinge. Lassen Sie den Fadenanfang etwa dreimal so lang hängen, wie das spätere Strickstück breit sein wird. Den Faden zwischen Zeige- und Mittelfinger legen. Arbeitsfaden, also den Faden, der zum Wollknäuel führt, und Fadenanfang um Zeigefinger und Daumen wickeln, herunter zur Handfläche führen und festhalten. Nun mit der Nadel unter die Daumenschlinge stechen und die Zeigefingerschlinge von oben durchziehen. Faden von den Fingern gleiten lassen (1). Die beiden herabhängenden Fäden unter der Nadel festziehen. Damit liegt jetzt die erste Masche auf der Nadel (2).

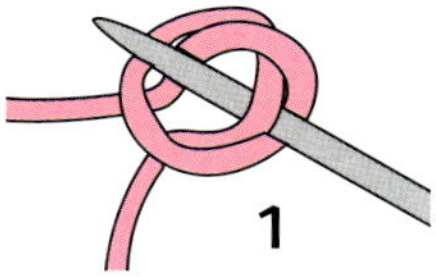
1

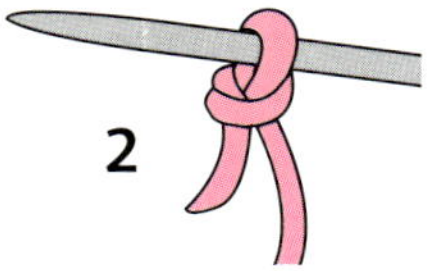
2

❷ **Nun spreizen Sie** Daumen und Zeigefinger der linken Hand und legen die Nadel mit der ersten Masche dazwischen (Linkshänder nehmen hier und im Folgenden die jeweils andere Hand). Den Arbeitsfaden von vorn nach hinten um den Zeigefinger legen. Den anderen Faden legen Sie von hinten nach vorn um den Daumen. Beide Fäden werden in der Handfläche mit dem Mittelfinger, Ringfinger und kleinen Finger festgehalten (3). Ziehen Sie die Fäden straff an.

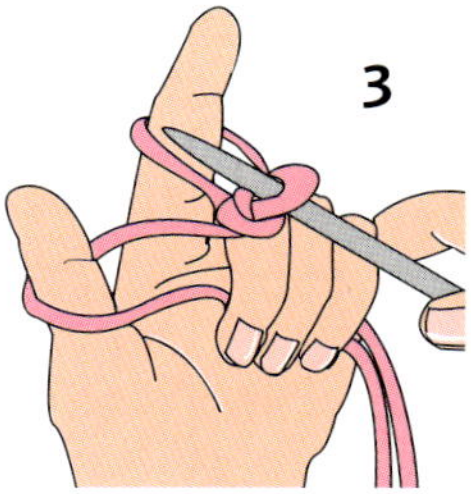
3

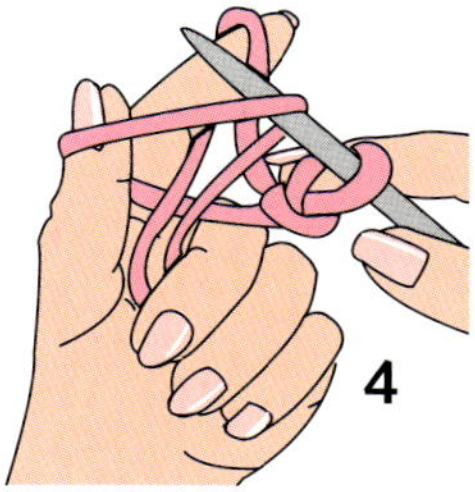
4

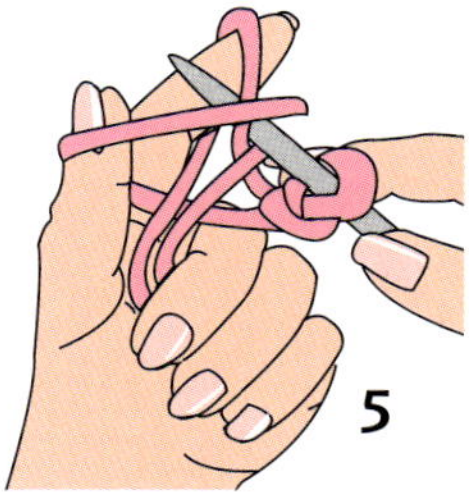
5

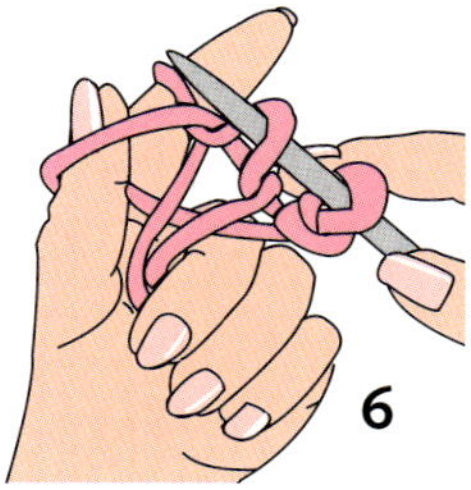
6

❸ **Stechen Sie wie** bei der Schlinge mit der Spitze der Nadel unter dem Daumenfaden durch (4), und holen Sie mit der Nadel von oben den vorn liegenden Zeigefingerfaden (5). Ziehen Sie diesen Faden in Richtung des Daumens als Schlinge nach vorne und oben (6). Den Daumen nun aus der Fadenschlinge herausziehen und die zweite Masche durch Ziehen der beiden Fäden unterhalb der Nadel fixieren.

❹ **Legen Sie die** Nadel erneut zwi-

7

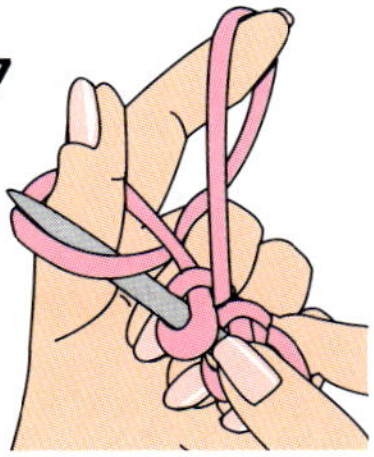

schen Daumen und Zeigefinger. Die beiden Fäden sind wie vorher um die beiden Finger gespannt. Dabei überkreuzt der Faden, der von der Nadel hinter den Daumen führt, den Daumenfaden, der zum Fadenanfang führt (7). Mit der Nadelspitze erneut unter den Daumenfaden stechen und den Zeigefingerfaden durch diese Schlinge ziehen.

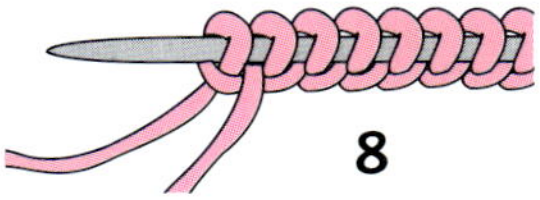

8

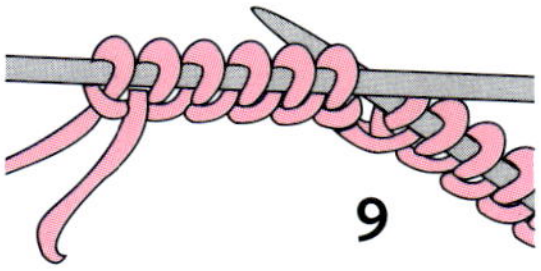

9

5 Schlagen Sie auf diese Weise ein Viertel der gesamten Maschenzahl auf die erste Nadel des Maschenspiels an (8). Direkt im Anschluss danach die nächsten Maschen auf der zweiten Nadel anschlagen (den Faden vorher nicht abschneiden!). Beim Nadelwechsel sollten die Fäden zwischen den Maschen möglichst kurz bleiben (9).

6 Sind alle Maschenanschläge auf den vier Nadeln des Nadelspiels gleichmäßig verteilt, legen Sie die Nadeln zur Runde. Dabei achten Sie darauf, dass die rechte Seite des Maschenanschlags später auf der Außenseite der Socke liegt. Nun die erste Runde gemäß des Strickmusters arbeiten, dabei die Runde sofort schließen. Nehmen Sie

dafür die fünfte Nadel, und stricken Sie die Maschen der ersten Nadel ab. Mit dieser stricken Sie die Maschen der nächsten Nadel ab und fahren so mit allen vier Nadeln fort.

ITALIENISCHER ANSCHLAG/ 1 RECHTS, 1 LINKS

Der Italienische Anschlag wirkt wie maschinengestrickt und ist extrem elastisch. Für ein besonders schönes Ergebnis ist es wichtig, dass die ersten vier Runden mit einer Nadelstärke gestrickt werden, die eine halbe Nummer dünner ist als die Nadel, die für die Sockenwolle erforderlich ist.

1 Legen Sie den Faden über die Nadel, dabei sollte der hinten liegende Fadenanfang etwa dreimal so lang sein wie das spätere Strickstück breit. Der Arbeitsfaden, der zum Wollknäuel führt, liegt vorn (1).

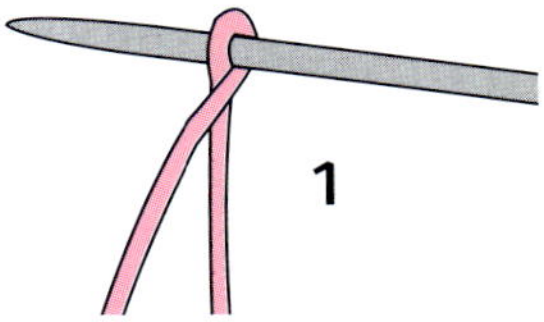

1

2 Nun legen Sie die Fadenschlinge mit der Nadel zwischen Daumen und Zeigefinger der linken Hand (Linkshänder nehmen hier und im Folgenden die jeweils andere Hand). Dabei den hinten liegenden Fadenanfang als Daumenfaden um den Daumen nach vorn legen und mit dem Mittelfinger festhalten. Den vorn liegenden Arbeitsfaden führen Sie zwischen Daumen und Zeigefinger um den Zeigefinger herum und zwischen Zeigefinger und Mittelfinger nach vorn zur Handfläche (2). Fixieren Sie mit

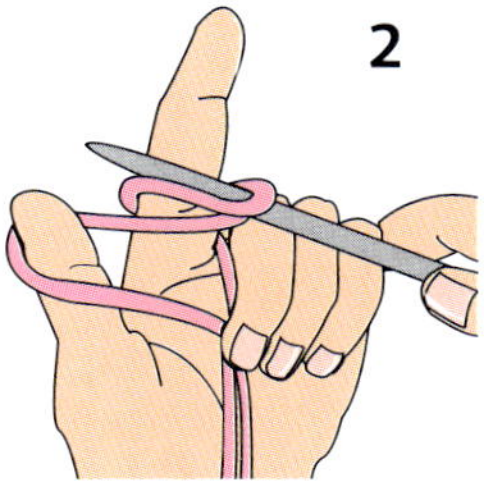

2

Daumen und Zeigefinger der rechten Hand die Fadenschlinge auf der Stricknadel.

3 Führen Sie die Nadelspitze von vorn unter dem hinten liegenden Daumenfaden hindurch. Anschließend die Nadel in der Mitte zwischen Daumen und Zeigefinger hochführen (3).

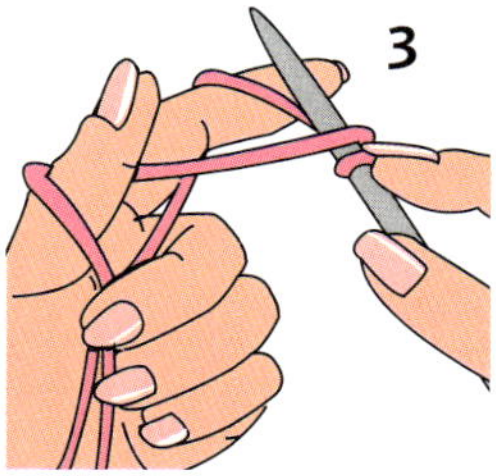
3

4 Nun greifen Sie mit der Nadelspitze über den Zeigefingerfaden hinweg und ziehen den Zeigefingerfaden als Schlinge unter dem Daumenfaden hindurch nach vorn (4). Wenn Sie die Nadelspitze einmal nach oben zeigen lassen, ist die erste Masche neben der Schlinge nun deutlich als rechte Masche zu erkennen.

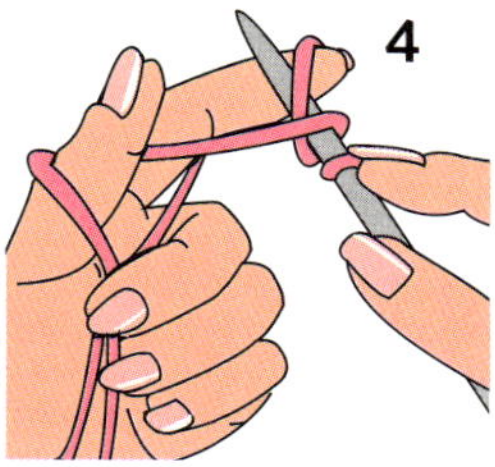
4

5 Für die linke Masche fassen Sie mit der Nadelspitze über den Zeigefingerfaden und weiter unter diesem hindurch, und ziehen Sie ihn zwischen Zeigefinger und Daumen nach oben (5). Die Nadelspitze anschließend über den Daumenfaden führen und diesen weiter unter dem Zeigefingerfaden hindurch als Schlinge nach hinten ziehen (6). Nun liegt eine linke Masche neben der rechten auf der Nadel. Wiederholen Sie fortlaufend die Bilder 3 bis 6, bis Sie alle Maschen auf nur einer Nadel Ihres Nadelspiels angeschlagen haben (7).

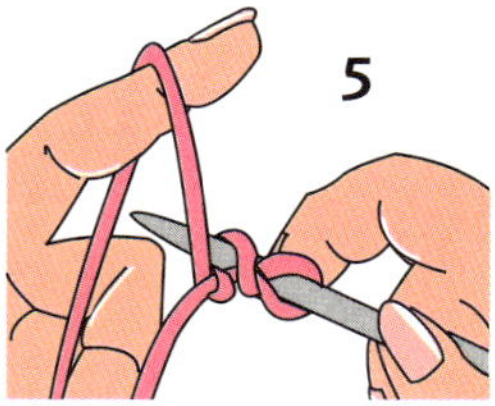
5

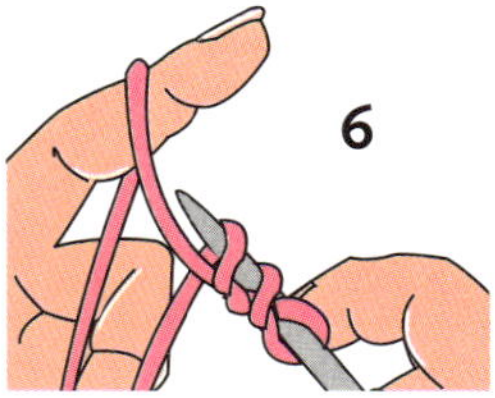
6

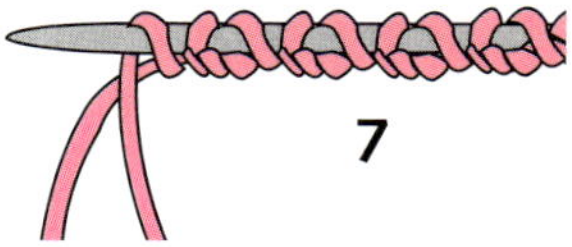
7

6 Erst in der ersten Runde nach dem Anschlag verteilen Sie die Maschen auf vier Nadeln. Dabei die rechten Maschen rechts verschränkt abstricken: Mit der rechten Nadelspitze von vorn nach hinten unter der linken Nadel in den hinten liegenden Teil des Maschengliedes einstechen und den Faden als Masche auf die rechte Nadel rechts abstricken (8) (→ Seite 8).

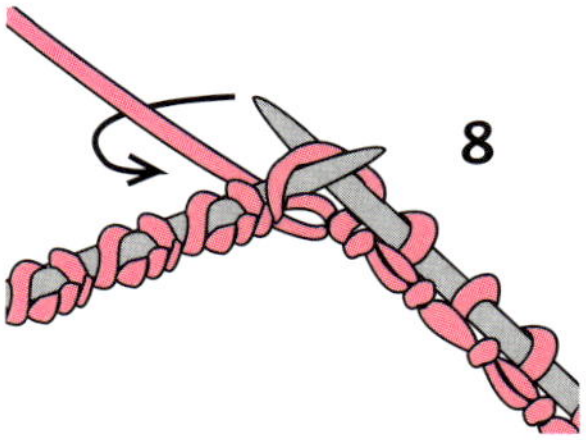
8

7 Die linken Maschen des Anschlags werden in der ersten Runde nur links abgehoben. Dafür den Arbeitsfaden vorne vor die Masche legen. Dann von vorne in die Masche einstechen und die Masche auf die rechte Nadel heben (9).

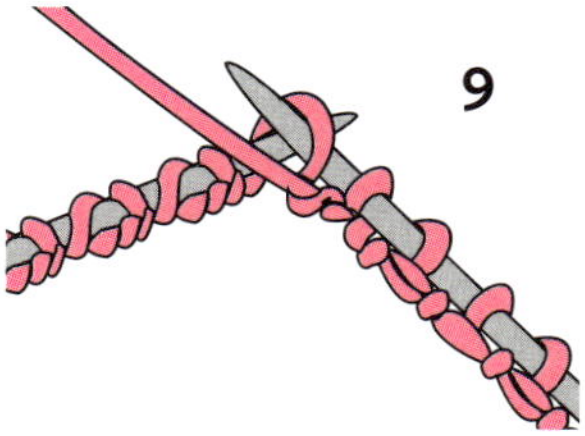
9

8 In den nachfolgenden drei Runden die Maschen im Rhythmus eine Masche rechts, eine Masche links stricken.

9 Möchten Sie ein Bündchen im Muster zwei Maschen rechts, zwei Maschen links mit Italienischem Anschlag anfertigen, schlagen Sie die Maschen wie vorher beschrieben im Rhythmus eine Masche rechts, eine Masche links an. Erst nach der vierten (!) Runde wird in den Rhythmus zwei rechts, zwei links gewechselt. Damit Sie einen schönen Übergang erhalten, gehen Sie dafür vor wie folgt:

10 Stricken Sie die erste rechte Masche rechts, die nächste linke Masche übergehen und in die nächste rechte Masche von vorne einstechen (10). Den Faden wie beim Rechtsstricken durchholen und auf die rechte Nadel ziehen, die abgestrickte rechte Masche aber auf der linken Nadel liegen lassen (11).

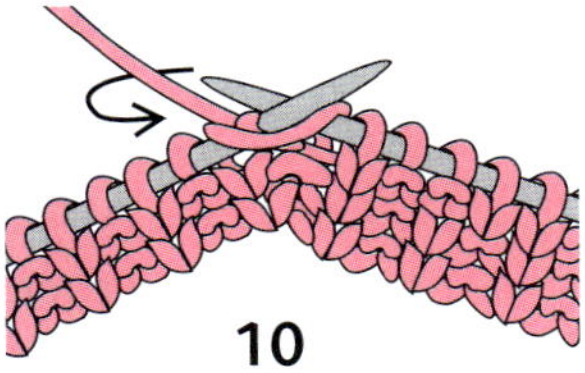
10

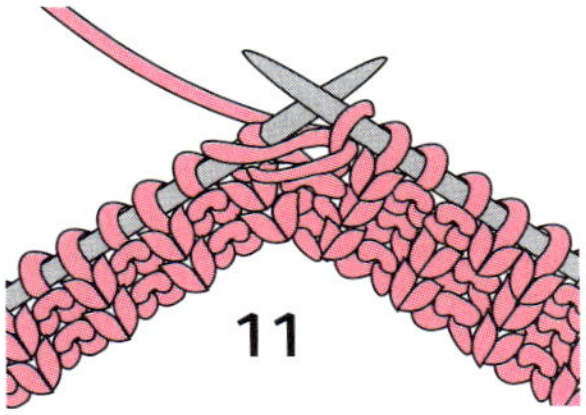
11

11 Jetzt die linke Masche vor der eben abgestrickten Rechtsmasche links abstricken (12) (→ Seite 8). Dabei springt die zuvor rechts gestrickte Masche mit auf die rechte Nadel und tauscht den Platz.

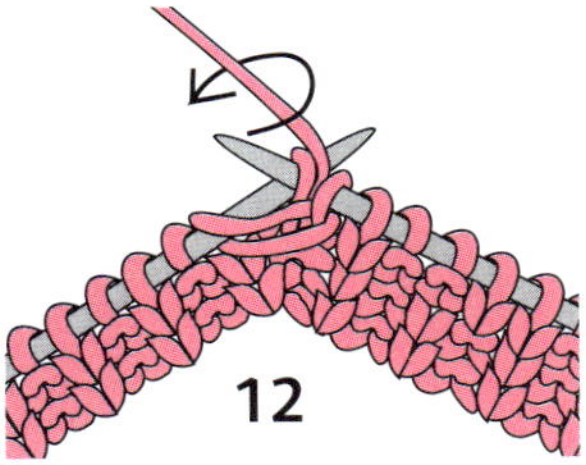
12

12 Stricken Sie die nächste Masche links (13). Schritte 10 bis 11 immer wiederholen. Am Ende der Runde erhält man einen durchgehenden Maschenrhythmus von zwei rechten und zwei linken Maschen.

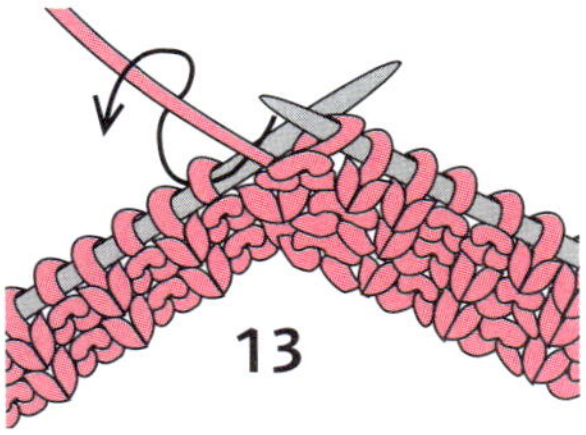
13

ANSCHLAG DURCH AUFSTRICKEN

1 Beginnen Sie mit einer Schlaufe wie beim Kreuzanschlag (→ Seite 4). Sie dient als Ihre erste Masche. Nehmen Sie dann die Nadel in die linke Hand (Linkshänder nehmen hier und im Folgenden die jeweils andere Hand). Den kurzen Fadenanfang unterhalb des Knotens halten Sie mit Daumen und Mittelfinger der linken Hand fest. Legen Sie das längere Fadenende um den linken Zeigefinger, und halten Sie es mit dem Mittelfinger, Ringfinger und kleinen Finger der linken Hand fest. Mit der zweiten Nadel in die erste Masche einstechen (1).

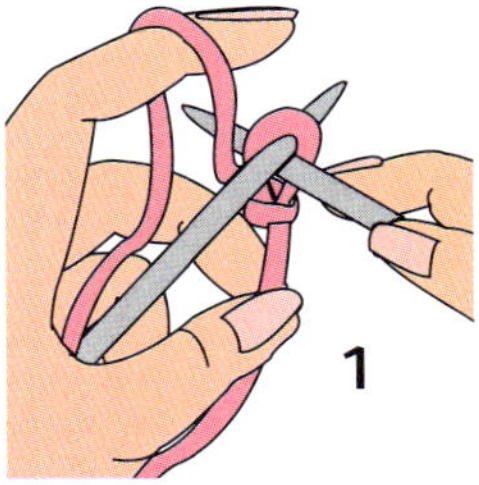
1

2 Den Faden vom Zeigefinger mit der rechten Nadel durch die erste Masche ziehen und eine etwas größere Schlinge als die Masche bilden (2). Diese Schlinge auf die linke Nadel heben. Für die nächste Masche in eben diese zweite Masche bzw. Schlinge einstechen und ebenso vorgehen.

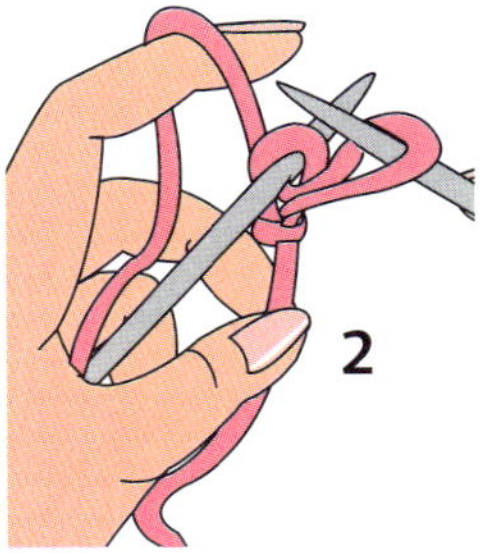
2

3 Bei jedem neuen Einstechen gleichzeitig den Maschenknoten unterhalb der Nadel anziehen und mit Daumen und Mittelfinger festhalten (3).

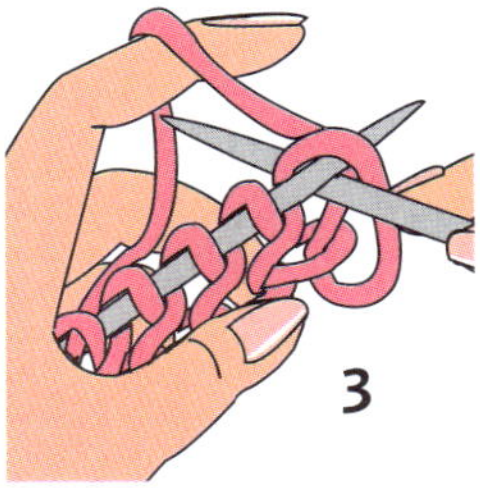
3

RECHTE MASCHEN

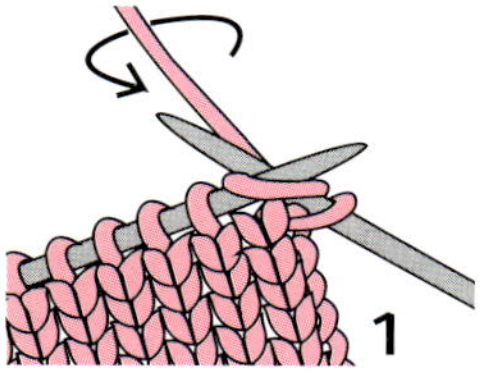

❶ Als Rechtshänder stechen Sie mit der rechten Nadelspitze von links nach rechts in das Maschenglied auf der linken Nadel – Linkshänder nehmen hier und im Folgenden die jeweils andere Hand. Führen Sie die Nadelspitze nach hinten um den Arbeitsfaden herum (1).

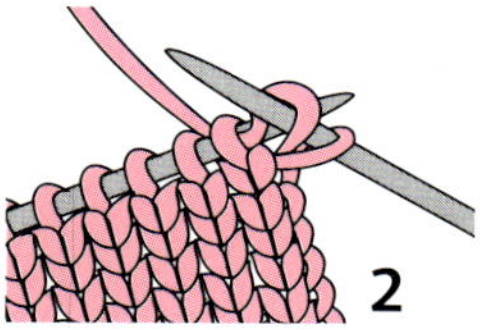

❷ Jetzt den Arbeitsfaden durch das Maschenglied nach vorne ziehen (2), dabei lassen Sie die Masche von der linken Nadel gleiten. Die abgestrickte Masche liegt nun auf der rechten Nadel. Die nächsten Maschen genauso stricken.

LINKE MASCHEN

❶ Legen Sie den Arbeitsfaden vor das Maschenglied der linken Nadel. Stechen Sie mit der rechten Nadelspitze von rechts nach links in das Maschenglied der linken Nadel, und führen Sie die Nadelspitze von vorne nach hinten um den Arbeitsfaden (1).

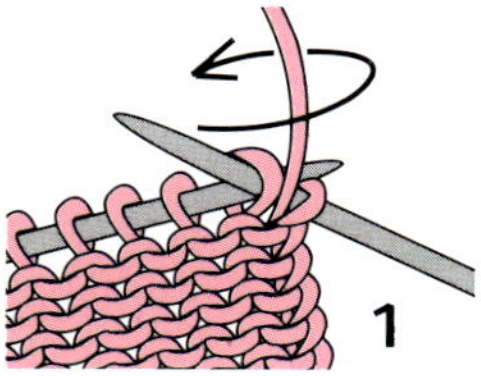

❷ Ziehen Sie jetzt den Arbeitsfaden mit der rechten Nadelspitze durch das Maschenglied. Dabei lassen Sie die Masche von der linken Nadel gleiten, die abgestrickte Masche liegt nun auf der rechten Nadel (2).

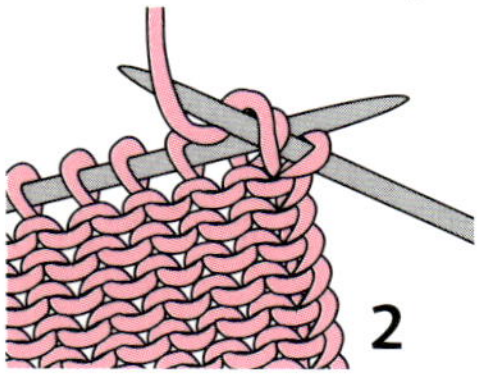

GLATT RECHTS STRICKEN

Dafür stricken Sie in jeder Hinreihe rechte, in jeder Rückreihe linke Maschen. In Runden stricken Sie nur rechte Maschen.

UMSCHLAG

Vor Abstricken der Masche auf der linken Nadel legen Sie den Faden einmal um die rechte Nadel (1). In der Rückreihe bzw. nächsten Runde ist die Masche dadurch verdoppelt.

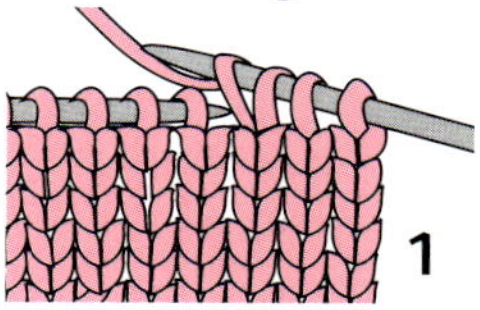

ABHEBEN

Zum links Abheben den Arbeitsfaden vor die linke Nadel legen und die Masche mit der rechten Nadel von rechts nach links auf die rechte Nadel schieben (nicht abstricken! → Seite 6, Bild 9). Zum rechts Abheben legen Sie den Faden hinter die linke Nadel und schieben die Masche mit der rechten Nadel von links nach rechts auf die rechte Nadel. In beiden Fällen verdoppelt sich die Masche nicht.

ABNAHMEN MIT ABSTAND

Für die Sockenspitze werden die Abnahmen mit einer Masche Abstand zur seitlichen Kante ausgeführt. Dafür am Nadelbeginn eine Masche rechts stricken, die nächste Masche rechts abheben, eine Masche rechts stricken und die abgehobene Masche über die gestrickte Masche ziehen (1). Am Nadelende stricken Sie die dritt- und zweitletzte Masche rechts zusammen und die letzte Masche der Nadel rechts.

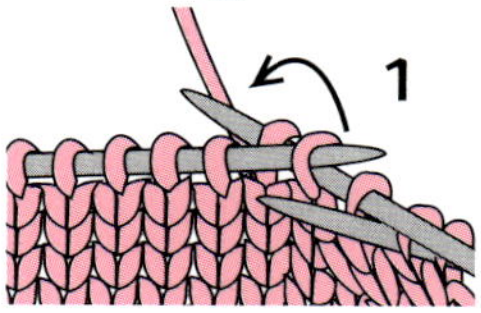

ZUNAHMEN

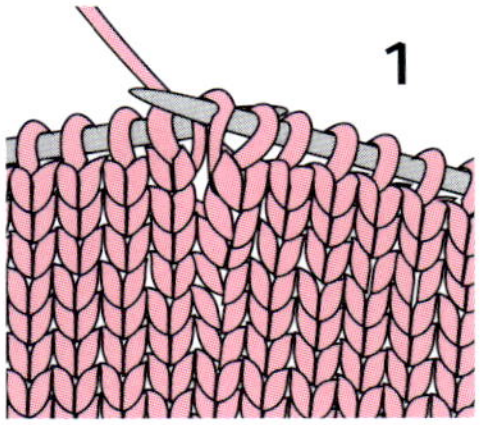

❶ **Stechen Sie** mit der rechten Nadelspitze von hinten nach vorne in den Querfaden der Vorreihe ein, und schieben Sie ihn auf die linke Nadel (1).

❷ **Mit der rechten** Nadel rechts verschränkt abstricken, also in den hinteren Teil des Querfadens von rechts nach links einstechen, den Faden holen, durchziehen und die Masche von der linken Nadel gleiten lassen (→ Seite 6, Bild 8). Wenn Sie den Querfaden einfach als rechte Masche abstricken, erhalten Sie ein Loch.

ABKETTEN DURCH ÜBERZIEHEN

❶ **Beim Abketten stricken** Sie zu Beginn zwei Maschen rechts. Nun stechen Sie mit der linken Nadel von vorne in die erste Masche von links nach rechts ein und ziehen die erste Masche über die zweite. Die übergezogene Masche von der Nadel gleiten lassen.

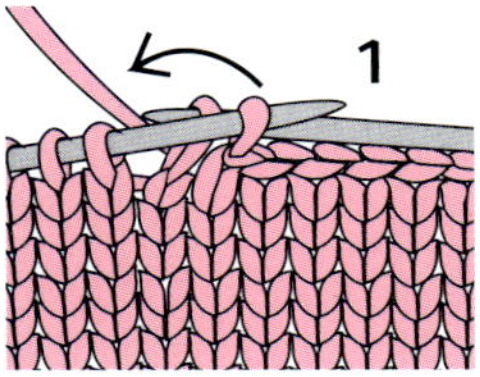

❷ **Stricken Sie erneut** eine Masche rechts. Nun die zweite Masche über die zuletzt gestrickte Masche heben. Immer so weiterarbeiten (1).

ABKETTEN DURCH ZUSAMMENNÄHEN

❶ **Schneiden Sie dafür** den Arbeitsfaden etwa 20 cm länger als die Breite der

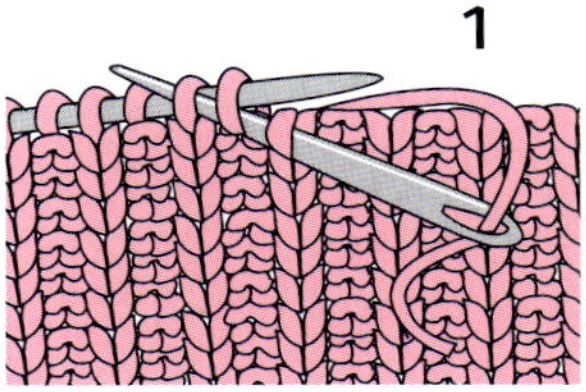

Strickarbeit ab, und fädeln Sie ihn in eine Stopfnadel. Stechen Sie damit durch jede Masche (1). Dann die Stricknadeln herausziehen.

❷ **Beim Sockenstricken** den Faden anziehen. Den Socken auf die linke Seite wenden und den Faden vernähen. Dabei schließen Sie gleichzeitig das Loch an der Spitze.

FARBWECHSEL

❶ **Stricken Sie zuerst** die Maschen einer Farbe in rechts oder links. Ziehen Sie den Strickfaden auf die linke Seite, und legen Sie anschließend den Faden der neuen Farbe

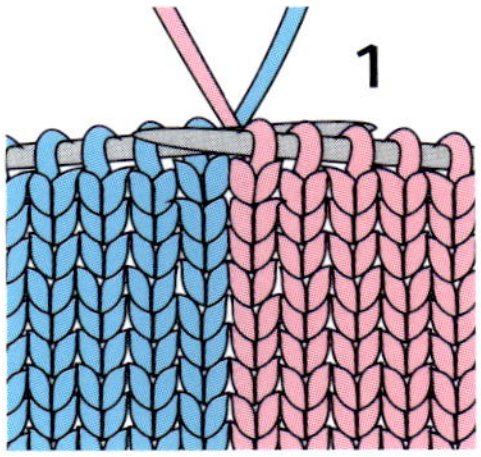

(hier blau) auf der Rückseite über den der alten Farbe (hier pink) (1). Nun die erste Masche in der neuen Farbe stricken, den Faden der alten Farbe dabei anziehen.

❷ **Bei Einstrickmustern** empfiehlt sich die Anschaffung eines so genannten Fadenführers. Dieses Hilfsmittel erleichtert gerade in Runden den aufwändigen Wechsel der Farbfäden, denn damit läuft der gerade nicht gebrauchte Faden mit. Es handelt sich dabei um einen Ring mit zwei Ösen, den Sie auf den Zeigefinger stecken. Fädeln Sie in jede Öse eine Farbe ein, und stecken Sie den Fadenführerring auf den Zeigefinger. Nun holen Sie die entsprechende Farbe zum Abstricken im Wechsel vom Zeigefinger.

Socken stricken

Socken zu stricken erfordert ein paar spezielle Kenntnisse und Kniffe. Aber einmal gewusst wie, ist es ganz einfach und selbst für Ungeübte kein Problem.

GRUNDAUSSTATTUNG

- Sockenwolle
- 1 Nadelspiel in der zur Wolle passenden Nadelstärke plus Zusatznadel
- Stumpfe Stopfnadel
- Evtl. Zopfnadel
- Schere, Lineal

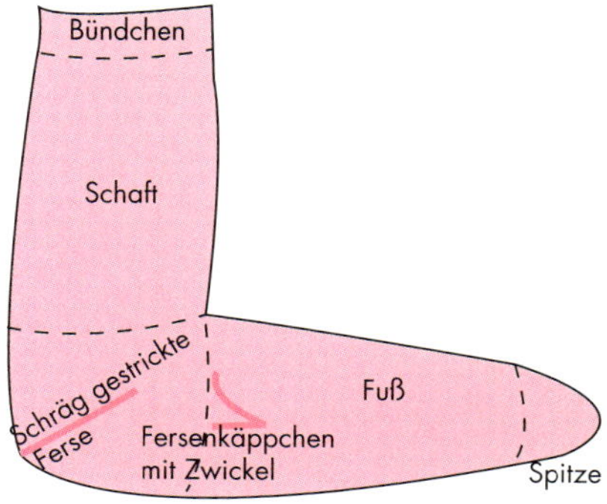

SOCKENWOLLE

Das A und O beim Socken stricken ist die Verwendung der richtigen Wolle. Speziell im Handel erhältliche Sockenwolle ist extrem strapazierfähig, da sie immer ungefähr 20 Prozent Kunstfaser enthält. Der Kunstfaser werden entweder Seide oder Baumwolle beigemischt, die dann wunderbar glatt und weich auf der Haut liegen, oder sie wird mit Schurwolle kombiniert, die gerade im Winter für warme Füße sorgt. Mischungen aus Baumwolle mit Kunstfaser sind im Sommer das ideale Sockenmaterial, aber auch ganzjährig für Sportsocken perfekt geeignet.

Die in den Anleitungen angegebene Wollmenge ist immer für ein Sockenpaar ausreichend. Die Wollsorten kommen von der Firma Schachenmayr und sind generell im Fachhandel erhältlich. Dennoch sind die Angaben nur als Vorschläge zu betrachten. Sie können natürlich auch andere Sockenwolle verwenden. Achten Sie dann aber darauf, dass die verwendete Garndicke der angegebenen Nadelstärke entspricht.

Da es die Sockenwolle in einer Vielzahl von Farben gibt, in Uni und auch als Moulinés, in Tweedoptik sowie mit geflammten und computergesteuerten Musterungen, die automatisch eine Art Einstrickmuster ergeben, ist für jeden Geschmack etwas dabei.

TIPP **Greifen Sie wegen der Qualität unbedingt auf spezielle Sockenwolle zurück. Es wäre doch schade, wenn Ihre selbst gemachten Einzelstücke in Kürze Löcher bekämen, weil die Wolle dafür nicht geeignet ist.**

MASCHENPROBE

Bevor Sie anfangen, sollten Sie unbedingt eine Maschenprobe stricken, um zu verhindern, dass die Socken viel zu klein oder zu groß ausfallen. Bei der Anfertigung befolgen Sie die Angaben auf der Banderole des Garns. Anhand Ihrer eigenen Maschenprobe können Sie dann feststellen, ob diese Angaben auch Ihrem Maschenbild entsprechen.

Gegebenenfalls die Maschenzahl Ihres Strickstücks anpassen, besser aber einfach die Nadelstärke verändern: Fällt Ihre Maschenprobe zu groß aus, nehmen Sie dünnere Nadeln, fällt sie zu klein aus, nehmen Sie dickere Nadeln.

TIPP **Zum Kennzeichnen des Rundenwechsels bei der laufenden Strickarbeit führen Sie am besten fortlaufend Runde für Runde einen ungefähr 20 cm langen Markierungsfaden mit. Den Markierungsfaden immer quer einlegen, d. h. Sie legen ihn zwischen zwei Maschen, die Fadenenden hängen an beiden Seiten des Strickstücks herunter.**

ANSCHLAG

Schlagen Sie die benötigte Maschenanzahl auf das Nadelspiel auf. Die Art des Anschlags wählen Sie nach Ihrer Vorliebe (→ Seite 4). Dabei verteilen Sie die Maschen gleichmäßig auf vier Nadeln des Nadelspiels, also z. B. bei 44 Maschen auf jede Nadel 11 Maschen. Ist die Maschenzahl nicht durch 4, wohl aber durch 2 teilbar, kommt auf die zweite und vierte Nadel jeweils 1 Masche mehr. Also bei beispielsweise 46 Maschen schlagen Sie je 11 Maschen auf die erste und dritte Nadel und auf die zweite und vierte jeweils 12 Maschen. Eine nicht durch 2 teilbare Maschenzahl möglichst vermeiden.

Die Anzahl der Maschen, die Sie für Ihre Größe benötigen, entnehmen Sie den Tabellen auf Seite 62/63, beachten Sie dabei die verschiedenen Garnstärken. Der Rundenwechsel, gekennzeichnet durch den herabhängenden Anfangsfaden, liegt in der rückwärtigen Mitte zwischen der vierten und ersten Nadel.

BÜNDCHEN

Stricken Sie, falls nach der Anleitung erforderlich, das Bündchen im entsprechenden Maschenrhythmus und der angegebenen Länge.

SCHAFT

Nun stricken Sie den Schaft in der angegebenen Länge mit dem entsprechenden Muster bzw. Maschenrhythmus. Falls Sie ein Rippenmuster stricken, wird der Schaft extrem gut am Bein anliegen.

SCHRÄGE FERSE

Gestrickt wird die Ferse über die Maschen der ersten und vierten Nadel glatt rechts. Die Maschen dieser zwei Nadeln verteilen Sie gleichmäßig auf drei Nadeln, dafür benötigen Sie eine Zusatznadel.

1. Reihe: Alle Maschen rechts stricken, bis zur letzten Masche der ursprünglich ersten, jetzt dritten Nadel.

2. Reihe: Arbeiten Sie zu Beginn der Rück-Reihe eine doppelte Masche. Dafür legen Sie den Faden vor die Arbeit und stechen von rechts in die erste Masche ein. Nun heben Sie die Masche und den Faden zusammen ab

TIPP **Die Schräge Ferse war lange in Vergessenheit geraten und erlebt gerade ihr Comeback. Zu Recht, denn diese Art der Ferse hat eine extrem gute Passform und keinen lästigen Zwickel. Sind Sie Anfänger, dann sollten Sie sich gleich an die Schräge Ferse gewöhnen. Profis, die normalerweise die Ferse mit Zwickel stricken, sollten unbedingt einmal die Schräge Ferse ausprobieren.**

und ziehen dabei den Faden extrem fest nach hinten. Dadurch wird die Masche über die Nadel gezogen und liegt somit doppelt.
Es ist ganz wichtig, dass Sie den Faden sehr fest anziehen, denn sonst entsteht später ein Loch an dieser Stelle. Nun alle Maschen der drei Fersennadeln links stricken.

3. Reihe: Stricken Sie die erste Masche als doppelte Masche und die weiteren Maschen bis zur doppelten Masche auf der dritten Nadel rechts. Die doppelte Masche bleibt auf der Nadel, und Sie wenden das Strickstück.

4. Reihe: Stricken Sie eine doppelte Masche, dann weiter linke Maschen bis zur doppelten Masche. Diese auf der Nadel lassen, die Arbeit wenden.

Wiederholen Sie die dritte und vierte Reihe so oft, bis alle Maschen auf der ersten und dritten Fersennadel sowie die erste und letzte Masche der mittleren Fersennadel doppelt gearbeitet sind.

Jetzt arbeiten Sie zwei Runden über alle Maschen der Socke, inklusive Spann. Dabei behalten Sie die Ferseneinteilung bei. Falls Sie mit der ursprünglichen zweiten und dritten Nadel ein Muster arbeiten, dieses entsprechend der Musterzeichnung fortsetzen. Achten Sie darauf, dass Sie bei der ersten Runde beim Abstricken der doppelten Maschen beide Maschenteile gleichzeitig erfassen und diese als eine Masche rechts abstricken.

Nach den zwei Runden werden erneut verkürzte Reihen mit doppelten Maschen gearbeitet, dieses Mal aber von innen nach außen:

1. Reihe: Die Maschen der mittleren Nadel der drei Fersennadeln rechts stricken. Die Arbeit wenden.

2. Reihe: Stricken Sie eine doppelte Masche und dann links bis einschließlich der letzten Masche des mittleren Fersendrittels, und wenden Sie die Arbeit.

3. Reihe: Eine doppelte Masche arbeiten und weiter rechts bis zur doppelten Masche am Nadelende stricken. Diese stricken Sie rechts zusammen. Danach die erste Masche der nächsten Nadel rechts stricken und die Arbeit wenden.

4. Reihe: Stricken Sie eine doppelte Masche und dann links bis zur doppelten Masche am Ende der Nadel. Diese links zusammenstricken und die folgende Masche der nächsten Nadel ebenfalls links stricken. Die Arbeit wenden.

Wiederholen Sie die dritte und vierte Reihe so oft, bis alle Maschen der beiden äußeren Fersennadeln doppelt gestrickt sind. Nach der letzten Rückreihe linker Maschen die Arbeit wenden, die erste Masche doppelt arbeiten und dann weiter in Runden rechts stricken. Auch hier in der ersten Runde alle doppelt gestrickten Maschen rechts zusammenstricken. Die Maschen der zweiten und dritten Spann-Nadel im Mustersatz fortsetzen.

FERSENKÄPPCHEN MIT ZWICKEL

Auch hier wird die Ferse über die Maschen der ersten und vierten Nadel gestrickt. Stricken Sie damit so viele Reihen glatt rechts, wie sich Fersenmaschen auf den Nadeln befinden, also bei 22 Maschen 22 Reihen hoch. Nun verteilen Sie die Fersenmaschen gleichmäßig auf drei Nadeln, Sie benötigen also auch hier eine Zusatznadel.

1. Reihe: Die Maschen der ersten und zweiten Fersennadel immer im Wechsel eine Masche rechts stricken, eine Masche mit Umschlag links abheben. Dann aber »die letzte Masche der zweiten Nadel rechts abheben, die erste Masche der dritten Nadel rechts stricken und die abgehobene Masche darüberziehen. Anschließend die Arbeit wenden.

2. Reihe: Eine Masche links abheben, die Maschen der zweiten Nadel links stricken, dabei stricken Sie die abgehobenen Maschen mit dem Umschlag immer links zusammen. Die letzte Masche auf der zweiten Nadel stricken Sie mit der folgenden Masche auf der ersten Nadel links zusammen. Dann die Arbeit wenden.

3. Reihe: Eine Masche links abheben, die folgenden Maschen der zweiten Nadel rechts stricken«.

Die Arbeitsschritte zwischen den » « so oft wiederholen, bis alle Maschen der ersten und dritten Fersennadel aufgebraucht sind.

Stricken Sie die Maschen der Fersenkappe in der Hinreihe rechts. Dann mit einer weiteren Nadel die Randmaschen der Fersenkappe aufnehmen. Dafür in jede zweite Randmasche durch beide Maschenglieder stechen und eine Fadenschlinge als Masche auf die Nadel holen. Bei einer Höhe von 22 Reihen müssen Sie also 11 Maschen aufnehmen.

Stricken Sie die Maschen der ursprünglich zweiten und dritten Nadel im entsprechenden Muster. Dann erneut am zweiten Fersenkappenrand mit einer neuen Nadel jede zweite Randmasche aufnehmen. Bis zur Mitte der Fersennadel weiterstricken (= Rundenbeginn). Die nun kommenden Maschen der Fersennadel zusammen mit den aufgenommenen Randmaschen auf einer Nadel abstricken.

Die nächsten Maschen des Spanns gleichmäßig auf zwei Nadeln verteilen. Auf der ersten und vierten Nadel befinden sich jetzt mehr Maschen als auf den beiden übrigen, sie werden später im Zwickel abgenommen.

Stricken Sie in Runden weiter. In der kommenden, also der insgesamt dritten Runde, stricken Sie die zweit- und drittletzte Masche der ersten Nadel rechts zusammen; am Anfang der vierten Nadel stricken Sie eine Masche rechts, heben die zweite Masche rechts ab, stricken die dritte Masche rechts und ziehen die zweite über die dritte Masche.

TIPP Haben Sie schmale Füße oder bevorzugen Sie die Socken eng am Fuß anliegend, dann nehmen Sie nach der Schrägen Ferse bzw. dem Zwickel zweimal in jeder zweiten Runde (bis Größe 34 und bei dicker 6- und 8-fädiger Wolle nur einmal) noch insgeamt 8 (4) Maschen ab. Dafür am Ende der ersten und dritten Nadel die dritt- und vorletzte Masche rechts zusammenstricken, am Beginn der zweiten und vierten Nadel 1 Masche rechts stricken und die nächsten beiden Maschen durch Überziehen zusammenstricken (→ Seite 8, Abnahmen).

Das Abnehmen für den Zwickel in jeder dritten Runde wiederholen, sollten Sie mit sehr dicker 6- oder 8-fädiger Wolle stricken, nehmen Sie für den Zwickel in jeder zweiten Runde ab. Nehmen Sie so lange ab, bis sich auf jeder Nadel die ursprüngliche Maschenzahl des Anschlags befindet.

FUß

Stricken Sie nun den Fuß gerade über Runden weiter bis zum Beginn der Spitze. Dabei stricken Sie entsprechend der Anleitung das Muster mit den Maschen der ursprünglich zweiten und dritten Nadel weiter. Für die Länge des Fußes richten Sie sich, wenn nicht anders angegeben, nach den Angaben der Tabelle auf Seite 62/63.

SPITZE

Für die Spitze stricken Sie die Maschen der ersten und dritten Nadel jeweils bis drei Maschen vor Nadelende. Dann die nächsten beiden Maschen rechts zusammenstricken und die letzte Masche rechts stricken. Bei der zweiten und vierten Nadel jeweils die erste Masche rechts stricken, die nächsten beiden Maschen rechts überzogen zusammenstricken (→ Seite 8, Abnahmen mit Abstand).

TIPP Wer kurze Nadeln hat, kann die Spitze statt Sie herhömmlich abzuketten zunächst mit den Nadeln mitsamt der Socke auch vorsichtig auf die linke Seite wenden. Legen Sie die Maschen der ersten und vierten Nadel auf die der zweiten und dritten, und stricken Sie die erste Masche der vierten Nadel mit der letzten Masche der dritten Nadel rechts als eine Masche ab. Diese ketten Sie dann durch Überziehen mit der nächsten doppelt gestrickten Masche ab. Insgesamt viermal durchführen, dann den Faden abschneiden und vernähen.

Die Abnahmen entsprechend der Tabellen von Seite 62/63 so oft wiederholen, bis noch insgesamt auf allen Nadeln acht Maschen übrig sind. Diese wie auf Seite 9 beschrieben abketten und vernähen.

ABKÜRZUNGEN

M	=	Masche
re M	=	rechte Masche
li M	=	linke Masche
R	=	Reihe
Rd	=	Runde
Hin-R	=	Hinreihe
Rück-R	=	Rückreihe
U	=	Umschlag
zus.str.	=	zusammenstricken
» «	=	Strickanleitung zwischen den beiden Zeichen immer wiederholen
Rapport	=	Muster oder Farbfolge wird in der Breite und Höhe immer wiederholt

MASCHENSTICH

Bei kleineren Mustern ist es vielfach einfacher, unterschiedliche Farben aufzusticken, als einen Farbwechsel im Strickmuster vorzunehmen. Dies trifft vor allem dann zu, wenn das Muster nur wenige Male vorkommt. Zum Aufsticken eignet sich der Maschenstich hervorragend. Aufgestickt wird das Muster von rechts nach links und von unten nach oben.

Dafür stechen Sie am unteren Ende einer Masche von hinten nach vorne mit einer

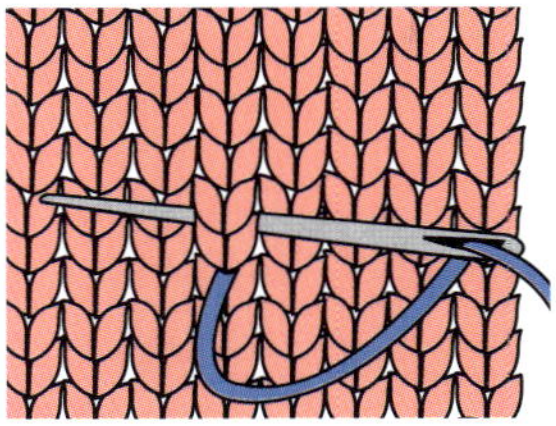

Stopfnadel aus. Dann stechen Sie rechts oben neben dem Ende des Maschenglieds ein und führen die Nadelspitze waagerecht auf der Rückseite nach links. Stechen Sie neben dem linken Maschenglied wieder aus.

Ziehen Sie den Faden an, und stechen Sie unten an der Ausstichsstelle wieder ein.

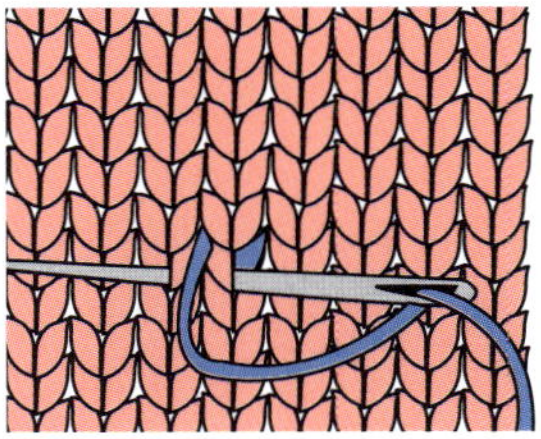

Gleichzeitig stechen Sie – je nach Muster – bei einem angrenzenden Maschenglied am unteren Ende wieder aus.

TIPP Mit dem Maschenstich lassen sich auch hervorragend Initialen in Socken einsticken. Das erleichtert Ihnen die Zuordnung nach der Wäsche ganz ungemein.

Krabbelsocken für Minis

Die Söckchen sind für krabbelnde Babys und Kleinkinder ideal und sehen dabei so süß aus, dass man sie den Knirpsen am liebsten gar nicht mehr ausziehen möchte.

MATERIAL

Söckchen mit Zopfschnur Gr. 22/23
- 50 g Regia 4-fädig Stretch Color Crazy Story Nr. 117
- Nadelspiel Nr. 2,5 plus Zusatznadel

Quastensöckchen Gr. 26/27
- 50 g Regia 4-fädig Stretch Color Funny Königsblau Nr. 101
- 50 g Regia 4-fädig Türkis Nr. 1255
- Nadelspiel Nr. 2,5 plus Zusatznadel

SO WIRD'S GEMACHT

Söckchen mit Zopfschnur

❶ **Schlagen Sie 44 M** an, und stricken Sie 2 cm glatt rechts. Dabei darauf achten, dass Sie den Anschlag mit dem Beginn einer Farbe des Knäuels anfangen. Für die Zähnchenkante stricken Sie 1 Rd »1 U, 2 M re zus.str.«. Danach erneut 8 Rd re M stricken.

❷ **Die Einzugslöcher für** das Zopfband arbeiten Sie »2 M re, 2 M re zus.str., 1 U«. Für den Schaft 4 cm lang »2 M re, 2 M li« im Wechsel stricken. Die Ferse über 22 M arbeiten. Danach die Sohle glatt rechts und die Oberseite der Socke im Rippenmuster wie vorher 2 M re, 2 M li im Wechsel bis zur Spitze stricken. Nach 11,5 cm Fußlänge ab Ferse die Spitze nach der Tabelle Seite 62 arbeiten.

❸ **Die zweite Socke** genauso stricken. Dabei mit der gleichen Farbe im Knäuelverlauf wie bei der ersten Socke beginnen. So werden beide farblich gleich.

❹ **Klappen Sie den** schmalen glatt rechts gestrickten Rand entlang der Zähnchenkante jeweils nach innen auf die linke Seite. Die Anschlagkante locker festnähen, sodass sie noch dehnbar ist. Dann flechten Sie mit je 6 etwa 50 cm langen Schnüren zwei Zöpfe. Anfang und Ende der Zöpfe verknoten und die Fransen etwa 3 cm lang als Quaste abschneiden. Zum Schluss ziehen Sie die Zöpfe durch die Lochkante der Socken.

Quastensöckchen

❶ **Schlagen Sie 48** Maschen mit Königsblau an, und stricken Sie 2 cm Bündchen mit 1 M re, 1 M li im Wechsel. Stricken Sie nun den Schaft 8 cm lang im zweifarbigen Patent: 1. Rd Türkis: Alle M re stricken. »2. Rd Blau: Alle M li stricken. 3. Rd Türkis: 1 M li, 1 M re im Wechsel, dabei bei den re M 1 Rd tiefer einstechen (dabei lösen sich die M der Vor-Rd auf)«.

❷ **Stricken Sie die** Ferse in Königsblau. Den Fuß arbeiten Sie glatt rechts. Dafür je 2 Rd Türkis und Königsblau abwechseln. Nach 14 cm die Spitze in Königsblau stricken. Für die Quasten umwickeln Sie die Schmalseite eines Lineals zehnmal mit gemusterter Wolle. An einem Bruch zusammenbinden, vom Lineal schieben, darunter abbinden und die gegenüberliegende Seite aufschneiden. Die Quasten seitlich an den Socken festnähen.

Lustige Bommelsocken

Wer sagt denn, Strümpfe müssten immer schlicht und langweilig sein? Dieses originelle Paar beweist das Gegenteil. Machen Sie Ihrem Kind eine Freude und stricken Sie es nach!

MATERIAL

Gr. 34/35

- 50 g Regia 6-fädig Crazy Color Nr. 5404
- 50 g Regia 6-fädig Himbeer Nr. 1258
- Nadelspiel Nr. 3,5 plus Zusatznadel
- Rest Karton, Bleistift
- Schnapsglas und Münze (oder Zirkel)

SO WIRD'S GEMACHT

1. **Schlagen Sie mit** Crazy Color 44 M an, und verteilen Sie sie gleichmäßig auf den 4 Nadeln. Stricken Sie bis zur Ferse 18 cm im Rippenmuster »2 M re, 2 M li«.

2. **Arbeiten Sie nun** die Ferse glatt rechts über die 1. und 4. Nadel. Nach der Ferse stricken Sie mit der Farbe Himbeer glatt rechts 5 Rd, danach arbeiten Sie 5 Rd das oben rechts abgebildete Einstrickmuster und erneut 5 Rd Himbeer. Das Einstrickmuster mit dem Streifen in Himbeer im Wechsel insgesamt 4-mal arbeiten. Dann die Spitze mit Himbeer stricken.

3. **Die zweite Socke** genauso stricken, dabei darauf achten, dass der Farbbeginn beim Anschlag der gleiche ist wie bei der ersten Socke.

TIPP Diese Socken lassen sich mit Ledersohlen besonders gut zu Hüttenschuhen weiterverarbeiten.

4. **Für die Bommel** zeichnen Sie mit Hilfe eines Schnapsglases zwei Kreise mit 2 bis 3 cm Durchmesser auf den Karton. In die Mitte jedes Kreises jeweils einen Kreis mit etwa 1 cm Durchmesser malen. Schneiden Sie beide Kreise an der äußeren und inneren Kontur aus.

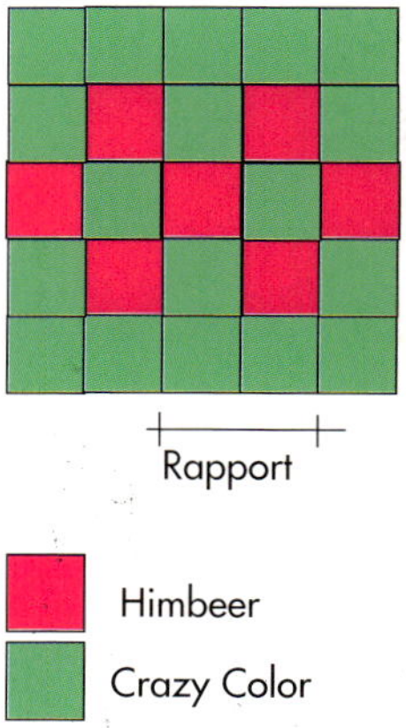

5. **Legen Sie die** Pappkreise aufeinander. Nun fädeln Sie sehr lange Wollfäden doppelt in eine Stopfnadel und wickeln diese ganz dicht um den Rand der doppelt gelegten Kreise. Müssen Sie einen neuen Faden anfangen, legen Sie das Fadenende immer nach außen weisend. Die Scheiben so lange umwickeln, bis in der Mitte das Loch geschlossen ist. Nun stechen Sie mit der Schere zwischen die zwei Kartonscheiben am Rand und schneiden vorsichtig dazwischen die Fäden rundum auf, dabei die Scheiben nicht beschädigen.

6. **Schieben Sie zwischen** die Scheiben einen etwa 20 cm langen Wollfaden und verknoten Sie die Enden fest miteinander. Nun können Sie die Scheiben vom Bommel herunterschieben. Schneiden Sie den Bommel in Form und nähen Sie ihn mit den Wollfäden an den Sockenrand. Pro Socke benötigen Sie etwa 8 bis 10 Bommel.

Lochmuster in Knallfarben

Jetzt kann der Frühling kommen! In diesen bunten Farben bekommen Ihre Kinder auch in der wärmeren Jahreszeit keine kalten Füße, wohl aber gute Laune.

MATERIAL

Kurze Söckchen Gr. 32/33

- 100 g Regia 4-fädig Stretch Crazy Electra Nr. 115
- Nadelspiel Nr. 2,5 plus Zusatznadel

Lange Söckchen Gr. 34/35

- 100 g Regia 4-fädig Stretch Clown Color Nr. 81
- Nadelspiel Nr. 2,5 plus Zusatznadel

SO WIRD'S GEMACHT

Kurze Söckchen

1 Schlagen Sie 56 M an, und verteilen Sie sie auf 4 Nadeln. Stricken Sie 8 Rd glatt rechts. Nun eine Reihe Lochmuster arbeiten. Dafür 1 U, 2 M re zus.str.. Danach erneut 8 Rd glatt rechts stricken.

2 Vor Beginn des Lochmusters die Rundenrichtung umkehren, da der Umschlag später nach außen geschlagen wird. Wenden Sie dafür die rechte Seite des Schafts nach innen, und stricken Sie 1 Rd re M über die nun linken Maschen auf der Außenseite. Dann stricken Sie 4 cm nach dem Lochmuster 1.

Lochmuster 1

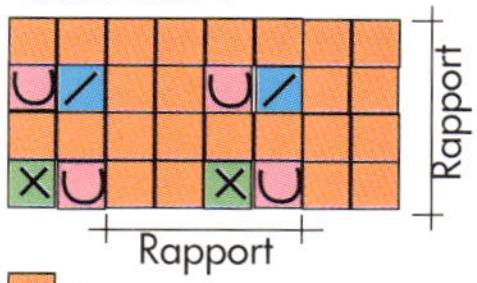

- 1 M rechts
- 1 Umschlag
- 1 M abheben, 1 M rechts, abgehobene M über die rechte M ziehen
- 2 M rechts zusammen stricken

3 Nun beginnen Sie mit der Ferse, die Sie über die 1. und 4. Nadel glatt rechts stricken. Denken Sie daran, wenn Sie die mittleren 2 Rd der Schrägen Ferse über alle Nadeln stricken, das Lochmuster bei der ursprünglich 2. und 3. Nadel fortzusetzen.

4 Nach der Ferse die Sohle glatt rechts stricken, die Oberseite mit dem Lochmuster weiterarbeiten. Nach 17 cm beginnen Sie mit der Spitze. Auch hier so lange wie möglich das Lochmuster auf der Oberseite weiterstricken.

5 Legen Sie den Umschlag am Schaft entlang der Lochkante nach außen, sodass ein Zähnchenrand entsteht, und nähen Sie ihn rundherum fest. Die zweite Socke genauso stricken, achten Sie auf den gleichen Farbbeginn des Knäuels beim Anschlag.

Lange Söckchen

Lochmuster 2

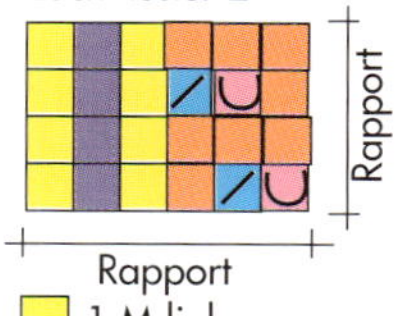

- 1 M links
- 1 M rechts
- 1 M rechts verschränkt
- 1 Umschlag
- 2 M rechts zusammen stricken

1 Schlagen Sie wie bei den kurzen Söckchen 56 M an, und stricken Sie 5 Rd glatt rechts bis zur Lochmusterkante. Danach erneut 5 Rd glatt rechts stricken. Dann die Rundenrichtung wie eben erläutert umkehren und im Lochmuster 2 den Schaft 13 cm lang arbeiten.

2 Die Ferse und den Fuß wie bei der kurzen Socke stricken, das Lochmuster endet aber vor der Spitze nach 18 cm Fußlänge. Den Umschlag nach außen kippen und festnähen.

Peppige Rüschensöckchen

Für Romantikerinnen, die dennoch Wert auf modische Akzente legen, sind diese hübschen Söckchen genau das Richtige. Toll für einen Spätsommerabend auf der Terrasse!

MATERIAL

Gr. 38/39

- 100 g Regia 4-fädig Ringel-Papagei Nr. 5047
- 50 g Regia 4-fädig Jaffa Nr. 1259
- Nadelspiel Nr. 2,5 plus Zusatznadel

SO WIRD'S GEMACHT

1 **Stricken Sie die** Rüschenspitze für den Umschlag am Bündchen als Streifen nach der Strickschrift in der Farbe Jaffa 16-mal hintereinander, sodass Sie einen Rüschenstreifen mit 16 Zacken haben. Den Faden am Ende lang hängen lassen und die Rüsche damit zum Ring zusammennähen. Sie benötigen insgesamt zwei solcher Rüschenringe.

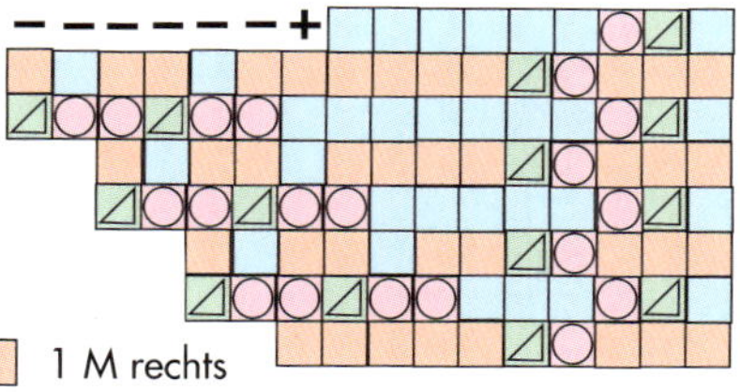

- 1 M rechts
- 1 M links
- 1 Umschlag
- 2 M rechts zus.stricken
- – 1 M abketten
- \+ M, die nach dem Abketten auf der Nadel bleibt

2 **Schlagen Sie mit** Ringel-Papagei 60 M an, und verteilen Sie diese gleichmäßig auf dem Nadelspiel. Nun stricken Sie den Schaft 11 cm glatt rechts. Die Ringel der Socke ergeben sich automatisch durch die Wolle. Danach arbeiten Sie die Ferse ebenfalls glatt rechts. Nach der Ferse arbeiten Sie 20 cm bis zur Spitze und stricken diese nach Anleitung der Tabelle auf Seite 62.

3 **Legen Sie die** glatte, lange Kante der Rüsche rechts auf rechts auf die Socke, und nähen Sie sie an die Anschlagsmaschen. Achten Sie gut darauf, dass die Naht nicht zu fest, aber auch nicht zu locker wird. Außerdem sollen sich die 16 Zacken gleichmäßig um den Söckchenrand verteilen.

4 **Die zweite Socke** stricken Sie genau wie die erste. Damit die beiden Socken sich von der Musterung der Wolle her ähneln, achten Sie unbedingt darauf, dass Sie den Anschlag mit dem gleichen Farbton wie bei der ersten Socke beginnen. Je nachdem also entweder mit Blautönen oder Rottönen anfangen.

TIPP **Noch romantischer wirken die Söckchen, wenn Sie sie mit cremefarbener oder pastellfarbener Wolle arbeiten. Erscheint Ihnen das Stricken der Rüsche zu aufwändig, können Sie in der Kurzwarenabteilung eines Kaufhauses auch eine fertige Baumwollspitze in Häkel- oder Strickoptik kaufen, die Sie dann lediglich um den Söckchenrand nähen müssen. Sie benötigen in dem Fall eine Spitze von insgesamt 80 cm Länge.**

Zipfelstrümpfe

Das garantierte Lieblingsstück kleiner Mädchen und Jungs werden diese lustigen Strümpfe mit Perlenzipfeln, mit denen sich herrlich Prinz und Prinzessin spielen lässt.

MATERIAL

Gr. 32/33

- 50 g Regia 4-fädig Stretch Fantasie Color Nr. 84
- 50 g Regia 4-fädig Kirsche Nr. 2002
- 50 g Regia 4-fädig Lavendel Nr. 1988
- Nadelspiel Nr. 2,5 plus Zusatznadel
- 16 Holzperlen mit 1 cm Ø (oder kleine Glöckchen)

SO WIRD'S GEMACHT

1. **Schlagen Sie 56** Maschen mit Kirsche an, und verteilen Sie sie gleichmäßig auf den 4 Nadeln des Nadelspiels. Stricken Sie 5 cm glatt rechts. Nun wenden Sie die rechte Maschenseite nach innen und stricken über die jetzt außen liegenden linken Maschen 5 Rd mit Lavendel glatt rechts (→ Seite 20, Kurze Söckchen, Schritt 2).

2. **Arbeiten Sie die** Zipfel nun einzeln weiter. Dafür über jeweils 7 Maschen 18 R re M stricken, dabei in jeder 6. R beidseitig 1 M abnehmen. Die Fadenenden der Zipfel etwa 20 cm hängen lassen, damit werden später die Glöckchen oder Perlen angenäht.

3. **Nun legen Sie** die Stulpe so vor sich hin, dass die linke Seite der roten Stulpe immer noch außen liegt. Fassen Sie aus der oberen Kante des Maschenanschlags 56 M gleichmäßig verteilt auf den 4 Nadeln Ihres Nadelspiels auf, und stricken Sie den Schaft glatt rechts mit Fantasie Color.

4. **Nach 18 cm** Schaft stricken Sie die Ferse als Fersenkäppchen mit Kirsche über die 1. und 4. Nadel. Falls Sie die Schräge Ferse arbeiten, müssen Sie bei den beiden Zwischenrunden, die über alle Nadeln gehen, am Ende der Fersennadeln noch einmal mit Fantasie Color beginnen, da sich sonst die rote Fersenfarbe über zwei Runden durchzieht.

5. **Den Fuß bzw.** den Zwickel und den Fuß mit Fantasie Color bis zur Spitze 17 cm fortsetzen. Die Spitze mit Lavendelblau glatt rechts stricken (→ Tabelle Seite 62).

6. **Fädeln Sie die** Perlen oder Glöckchen auf die Endfäden der Stulpenzipfel, und nähen Sie sie mit einer Stopfnadel daran fest. Dann den Umschlag nach außen klappen.

TIPP Damit Sie nicht die M aus dem Stulpenrand aufnehmen müssen, gibt es eine schnelle Alternative: Häkeln Sie am Anfang, statt M aufzunehmen, mit einer dickeren Häkelnadel 56 Luft-M mit einem Rest Wolle. Ziehen Sie mit dem Nadelspiel durch jedes Luftmaschenglied 1 M in Rot. Bis zu den Zipfeln wie in Schritt 1 und 2 weiterstricken. Am Ende lösen Sie die Luftmaschenkette auf, indem Sie den Endfaden durch die letzte Luft-M zurückschieben und dann am Faden ziehen. So haben Sie die Maschen der roten Wolle offen. Diese brauchen Sie dann nur noch mit dem Nadelspiel aufzufangen.

Wellness pur

Für einen entspannt wohligen Lümmelabend nach der Sauna oder für warme Füße im Winter sind diese puscheligen Socken die perfekte Begleitung.

MATERIAL

Kamelfarbene Flauschsocken Gr. 38/39

- 100 g Regia 4-fädig Silk Kamelfarben Nr. 012
- 100 g Flauschgarn Schachenmayr Brazilia, Kamelfarben Nr. 12
- Nadelspiel Nr. 3,5
- Nadelspiel Nr. 2,5 plus Zusatznadel

Pinkfarbene Socken mit Puschelrand Gr. 38/39

- 100 g Regia 6-fädig Crazy Passion Nr. 5402
- 50 g Regia 6-fädig Kirsche Nr. 2002
- 50 g Flauschgarn Schachenmayr Brazilia, Pink Nr. 036
- Nadelspiel Nr. 3,5 plus Zusatznadel

SO WIRD'S GEMACHT

Kamelfarbene Flauschsocken

1. **Schlagen Sie mit** doppeltem Faden Regia Silk und Brazilia 48 M mit Nadelspiel Nr. 3,5 an, und stricken Sie immer 2 M re, 2 M li im Wechsel. Nach 8 cm wechseln Sie den Maschenrhythmus für den Schaft auf 1 M re, 1 M li und stricken noch 14 cm bis zur Ferse.

2. **In der letzten** Runde wechseln Sie das Nadelspiel von Nummer 3,5 zu 2,5, dabei nehmen Sie auf jeder Nadel 3 M zu, indem Sie sie rechts verschränkt aus dem Querfaden der Vorreihe herausstricken (→ Seite 9).

3. **Stricken Sie nun** die Ferse mit Regia Silk glatt rechts über die 1. und 4. Nadel. Nach der Ferse zunächst 3 Rd Regia Silk, dann 2 Rd Brazilia,anschließend 5 Rd Regia Silk glatt rechts stricken. Die Streifenfolge von 2 Rd Brazilia und 5 Rd Regia Silk von der Fersenmitte bis zu Spitze über 20 cm immer wiederholen. Anschließend die Spitze mit Regia Silk gemäß der Tabelle für Regia 4-fädige Wolle beendenn (→ Seite 62).

Pinkfarbene Socken mit Puschelrand

1. **Schlagen Sie mit** doppeltem Faden Regia Kirsche und Brazilia 44 M an, und stricken Sie 10 cm im Bündchenmuster 2 M re, 2 M li im Wechsel. In den letzten beiden Runden nehmen Sie pro Nadel 1 M zu, sodass sich 48 M auf den Nadeln befinden. Beim Zunehmen eine M rechts verschränkt aus dem Querfaden der Vorreihe herausstricken (→ Seite 9).

2. **Nun stricken Sie** glatt rechts mit Crazy Passion 17 cm bis zur Ferse weiter. Die Ferse arbeiten Sie mit Kirsche glatt rechts, danach wieder mit Crazy Passion 20 cm bis zur Spitze stricken. Auch die Spitze mit Kirsche in glatt rechts arbeiten (→ Tabelle Seite 62). Den Puschelrand umschlagen.

TIPP Da die Stulpen mit doppeltem Faden gestrickt werden, fallen sie weiter aus, sodass sie den darunter liegenden Schaft nicht einschnüren.

Romantik im Blumendesign

Die edlen Socken aus feinem Seidenmix sind viel zu schade, um sie nur zu Hause zu tragen. Wer mit der Mode gehen will, führt sie mit weiten Röcken und flachen Ballerinas aus.

MATERIAL

Gr. 38/39

- 100 g Regia 4-fädig Silk Natur meliert Nr. 02
- Nadelspiel Nr. 2,5 plus Zusatznadel

SO WIRD'S GEMACHT

1 Schlagen Sie 60 M an, und stricken Sie 6 Rd glatt links (nur li M stricken). Schieben Sie nun 7 M der 1. Nadel auf die 2., 7 M der 2. Nadel auf die 3., 7 M der 3. Nadel auf die 4., und schließlich 7 M der 4. Nadel auf die 1. So können Sie auf jeder Nadel eine ganze Blüte stricken, was das Einstricken vereinfacht.

2 Stricken Sie nun die Blüte ab Reihe 1 viermal gemäß der Musterzeichnung nebeneinander in den Schaft. Nach der 30. Rd schieben Sie alle zuvor verschobenen 7 M wieder zurück auf ihre ursprünglichen Nadeln, damit die Fersenposition richtig liegt.

3 Nun arbeiten Sie die Ferse glatt links, das Muster bei den durchgehenden Runden auf der Oberseite ab R 15 fortsetzen. Stricken Sie den Fuß weiter glatt links, dabei an der Oberseite die R 15 bis 30 insgesamt viermal wiederholen, so entsteht der Blütenstiel mit den Blättern auf der Fußoberseite

TIPP Die Romantik-Söckchen passen auch hervorragend zu Kleidung im Trachtenstil.

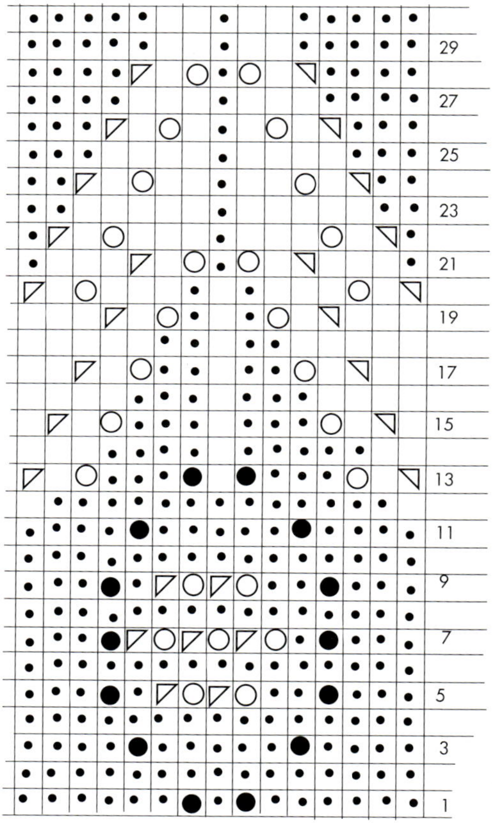

- □ rechte Masche
- • linke Masche
- ○ 1 Umschlag
- ◸ 1 M abheben, 1 M rechts stricken, abgehobene M über die rechte M überziehen
- ◹ 2 M rechts zusammenstricken
- ● Noppe: 5 M aus einer herausstricken(1 M rechts, 1 M rechts verschränkt im Wechsel). Wenden. Rückreihe links stricken. Wenden, 1 M abheben, zweimal 2 M rechts zusammenstricken, beide M auf die linke Nadel schieben, 2 M rechts zusammenstricken, abgehobene M über die zusammengestrickten heben

Trachten-Kniestrümpfe

Für zünftige Madeln und Buam sind diese Strümpfe ein Must-Have zu Lederhosen im stets aktuellen Trachten-Look. Präsentation auf dem Oktoberfest unbedingt empfehlenswert!

MATERIAL

Gr. 40/41
- 150 g Regia 4-fädig Leinen meliert Nr. 2143
- Nadelspiel Nr. 2,5 plus Zusatznadel
- Zopfnadel

SO WIRD'S GEMACHT

❶ **Schlagen Sie 64** M auf 4 Nadeln an, und stricken Sie 8 cm im Bündchenmuster 2 M re, 2 M li im Wechsel. In der letzten Rd nehmen Sie gleichmäßig verteilt auf jeder Nadel 2 M zu.

❷ **Nun arbeiten Sie** den Schaft insgesamt 35 cm lang. Stricken Sie dabei jedes der beiden Zopfmuster im Wechsel 4-mal nebeneinander ein. Dabei zwischen jeden Zopf 3 M li stricken. Nach 7 Wiederholungen des Zopfmusters 1 verringern Sie den Zwischenraum von 3 li M auf 2 li M durch Abnehmen. Dafür die M einfach links zusammenstricken.

❸ **Vor Fersenbeginn** verschieben Sie die M so auf den Nadeln, dass in der hinteren und vorderen Mitte das Zopfmuster 1 mittig verläuft. Nun stricken Sie die Ferse glatt rechts. Bei den durchgehenden Runden der Schrägen Ferse stricken Sie auf der Vorderseite das Zopfmuster über den mittleren Zopf 1 und beidseitig davon den Zopf 2 plus jeweils 2 M links an den Seiten. Die restlichen M werden glatt rechts gestrickt. Diese Mustereinteilung über den Fuß hin beibehalten.

❹ **Nach 21 cm** Fußlänge stricken Sie die Spitze. Dabei lassen Sie die Zöpfe der oberen Seite des Fußes möglichst weit bis in die Spitze laufen. Für die Abnahmen an der Spitze richten Sie sich nach der Tabelle Seite 62.

TIPP **Männer haben üblicherweise mehr Wadenumfang. Daher sollten Sie ab Schuhgröße 42 mit 4 linken Maschen zwischen den Zopfmustern beginnen, zu den Knöcheln hin diese auf 2 linke Maschen reduzieren.**

Zopfmuster 1

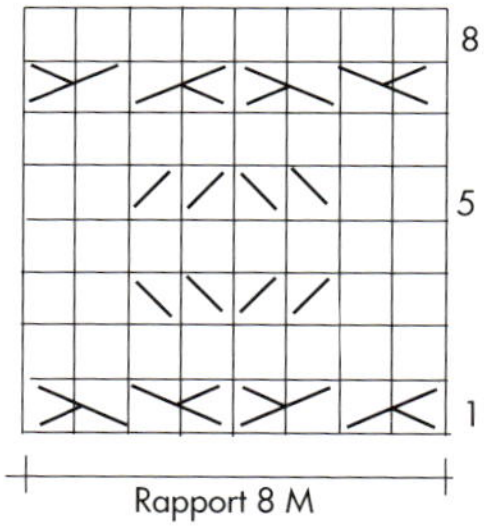

Zopfmuster 2

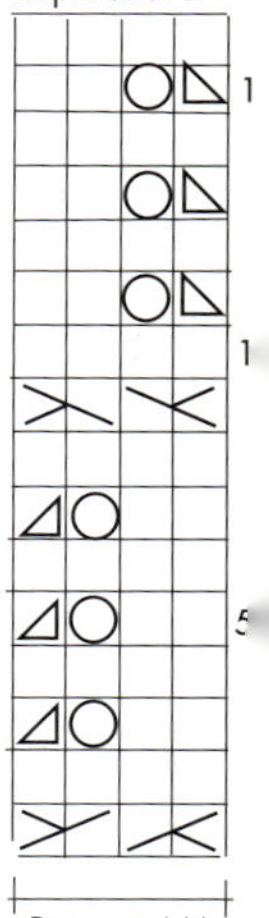

- 1 M rechts
- 2 M auf eine Hilfsnadel nach hinten, 2 M rechts stricken, M der Hilfsnadel rechts stricken
- 2 M auf eine Hilfsnadel nach vorne, 2 M rechts stricken, M der Hilfsnadel rechts stricken
- 1 M auf eine Hilfsnadel nach vorne, 1 M rechts, M der Hilfsnadel rechts stricken
- 1 M auf eine Hilfsnadel nach hinten, 1 M rechts, M der Hilfsnadel rechts stricken
- 1 M abheben, 1 M rechts stricken, 1 M überziehen
- 1 Umschlag
- 2 M rechts zusammenstricken

Jacquardsocken

Das im Computer generierte Muster von Jacquardwolle sieht toll aus, ohne dass Sie sich die Mühe aufwändiger Farbwechsel machen müssen.

MATERIAL

Herzsocken Gr. 40/41

- 100 g Regia 4-fädig Jacquard Color Nr. 5269
- 50 g Regia 4-fädig Lavendel Nr. 1988
- Rest Regia 4-fädig Himbeer Nr. 1258
- Rest Regia 4-fädig Limone Nr. 2060
- Nadelspiel Nr. 2,5 plus Zusatznadel

Rustikale Streifensocken Gr. 42/43

- 100 g Regia 4-fädig Jacquard Highland Nr. 5274
- Nadelspiel Nr. 2,5 plus Zusatznadel

SO WIRD'S GEMACHT

Herzsocken

1 Schlagen Sie 64 M mit lavendelfarbenem Garn auf 4 Nadeln an, und stricken Sie 4 cm im Wechsel 1 M re, 1 M li.

2 Nun stricken Sie mit Jacquard Color glatt rechts weiter, dabei nehmen Sie in der ersten Runde pro Nadel eine Masche ab.

TIPP Achten Sie bei den Jacquard-gemusterten Garnen darauf, dass Sie immer mit der gleichen Farbe anfangen. So erhalten Sie zwei gleichmäßig gemusterte Socken. Auch die absolut gleiche Maschenanzahl bzw. gleiche Ab- und Zunahmen sind für ein identisches Aussehen von Bedeutung.

Nach 3 cm beginnen Sie mit dem Herz als Einstrickmuster gemäß der Zeichnung in glatt rechts. Dabei ist die Grundfarbe limonen-, das Herz himbeerfarben.

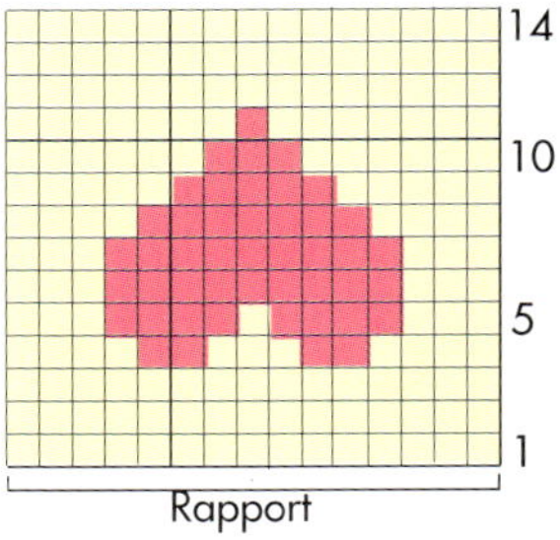

3 Nun den Schaft mit Jaquard Color glatt rechts fortsetzen. Nach 17 cm ab Bündchen stricken Sie die Ferse ein. Nach 4,5 cm Fußlänge arbeiten Sie erneut das Herz-Einstrickmuster, hier ist die Grundfarbe jedoch lavendelfarben. Das Herz bleibt himbeerfarben.

4 Nach dem Einstrickmuster den Fuß in der entsprechenden Länge beenden und die Spitze nach der Tabelle auf Seite 62 arbeiten.

Rustikale Streifensocken

1 Schlagen Sie 64 M auf dem Nadelspiel an, und stricken Sie 4 cm im Rippenmuster 2 M re, 2 M li. Den Schaft im gleichen Maschenrhythmus fortsetzen.

2 Bis zur Ferse insgesamt 14 cm arbeiten, dann die Ferse glatt rechts stricken. Den Fuß an der Oberseite bis zum Ende der Spitze weiter im Rippenmuster, die Sohle glatt rechts arbeiten (Maßangaben → Tabelle Seite 62).

Stulpen für Zünftige

Die Stulpenstrümpfe im Landhauslook sind aus edler Seide gestrickt und garantieren blasenfreies Wandern sowie Entspannung für die Füße.

MATERIAL

Braune Strümpfe Gr. 38/39

- 100 g Regia 4-fädig Silk Mocca meliert Nr. 10
- Nadelspiel Nr. 2,5 plus Zusatznadel

Graue Strümpfe Gr. 36/37

- 100 g Regia 4-fädig Silk Mittelgrau meliert Nr. 91
- Nadelspiel Nr. 2,5 plus Zusatznadel
- Zopfnadel

SO WIRD'S GEMACHT

Braune Strümpfe

1 Schlagen Sie 60 M an, und stricken Sie 3 Rd glatt rechts, dann 1 Rd Lochmuster. Dafür 1 U, 2 M rechts zus.str.. Danach wieder 3 Rd glatt rechts stricken. In der nächsten Rd erneut das Lochmuster arbeiten, danach wieder 3 Rd glatt rechts, dabei 1 M zunehmen. Nun stricken Sie die ersten 4 M der Zeichnung, dann 9-mal den Rapport und zum Schluss die letzten 4 M. Nach 7 cm des Musters in der Höhe 3 Rd glatt rechts, 1 Rd Lochmuster, 3 Rd glatt rechts stricken.

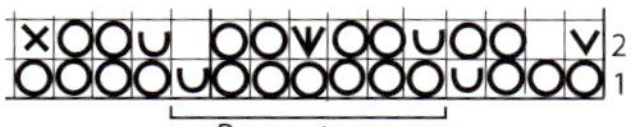

- O rechte Masche
- U 1 Umschlag
- 3 M durch Überziehen zus.str. (1. M rechts abheben, 2 M rechts zus.str., 1. M darüberziehen)
- × 2 M rechts zus.str.
- V 2 M durch Überziehen zus.str. (1 M rechts abheben, 1 M rechts stricken, abgehobene M überziehen)
- □ keine Masche

2 Nun die Stulpe auf die linke Seite wenden und im Rippenmuster 2 M re, 2 M li im Wechsel den Schaft 15 cm lang stricken. Dann stricken Sie die Ferse glatt rechts. Den Fuß auf der Oberseite bis zur Spitze 20 cm im Rippenmuster fortsetzen. Die Sohle und die Spitze arbeiten Sie glatt rechts (→ Tabelle Seite 62).

3 Die Stulpe oben entlang der Lochmusterrunde nach außen klappen. Den jetzt unten liegenden Stulpenanfang entlang der Lochmusterkante nach innen einschlagen und mit ein paar Stichen festnähen.

Graue Strümpfe

1 Schlagen Sie 72 M auf 4 Nadeln an, und stricken Sie 7 cm 2 M re, 2 M li im Wechsel. Dann stricken Sie 3-mal »2 M li, 1 M mit Umschlag links abheben (Hebemasche)«. Nun mit den letzten 9 M dieser Nadel 1 M li stricken und die ersten 8 M des Zopfes arbeiten. Die übrigen 7 mit den M der 2. Nadel stricken. 1 M links, dann wieder den Wechsel 1 Hebemasche, 2 M links wiederholen. So weiterarbeiten, bis noch 7 M auf der 3. Nadel sind. Diese mit dem Zopfmuster stricken. Mit den ersten 8 M der 4. Na-

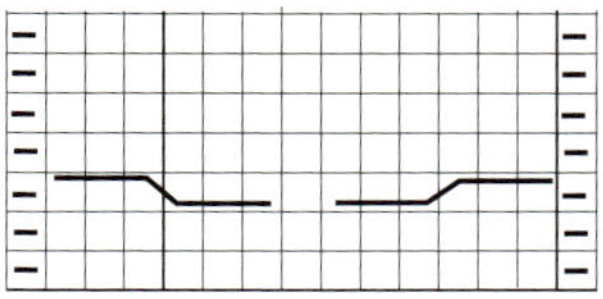

- □ 1 M rechts
- − 1 M links
- 3 M auf eine Hilfsnadel vor die Arbeit legen, folgende 3 M rechts stricken, dann die M der Hilfsnadel rechts stricken
- 3 M auf eine Hilfsnadel hinter die Arbeit legen, folgende 3 M rechts stricken, die M der Hilfsnadel re stricken

del das Zopfmuster fortsetzen. 1 M li, dann bis zum Ende der Nadel »2 M links, 1 Hebemasche arbeiten«. In den geraden Runden die Hebemasche immer rechts abstricken. Die R 1 bis 7 des Zopfmusters mit Zwischenmuster in der Höhe 5-mal wiederholen, dann auf jeder Nadel gleichmäßig 3 M abnehmen.

2 Den Strumpf auf die linke Seite drehen und weiter im Rippenmuster »2 M re, 2 M li« 12 cm bis zur Ferse stricken. Die Ferse, den Fuß und die Spitze stricken Sie glatt rechts (→ Tabelle Seite 62). Zum Schluss klappen Sie die Stulpe um, schlagen das Bündchen ein und nähen es fest.

Dreh- und Gammelsocken

Ob für die Freizeit zum Relaxen, für den Sport oder einfach täglich in Trainingsschuhen und Sneakers, mit diesen schönen Socken liegen Sie immer goldrichtig.

MATERIAL

Rote Gammelsocken Gr. 36/37

- 100 g Regia 4-fädig Funny Rot Nr. 1937
- Nadelspiel Nr. 2,5 plus Zusatznadel

Naturfarbene Drehsocken Gr. 42/43

- 150 g Regia 4-fädig Natur Tweed Nr. 02
- Nadelspiel Nr. 2,5 plus Zusatznadel
- Zopfnadel

SO WIRD'S GEMACHT

Rote Gammelsocken

1. **Schlagen Sie 60** M auf dem Nadelspiel an, und stricken Sie 6 cm im Bündchenmuster 1 M re, 1 M li im Wechsel. Stricken Sie nun weiter mit dem Muster gemäß der Zeichnung, und wiederholen Sie es immer wieder in Breite und Höhe.

2. **Nach 12 cm** Schafthöhe arbeiten Sie die Ferse glatt rechts. Bei durchgängigen Fersenrunden das Muster bei der 2. und 3. Nadel fortsetzen.

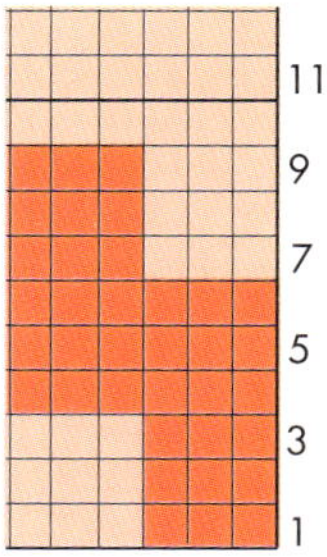

1 M rechts
1 M links

3. **Stricken Sie die** Maschen der Sohle glatt rechts, auf der Fußoberseite arbeiten Sie das Muster fortlaufend bis zum Ende der Spitze (→ Tabelle Seite 62).

Naturfarbene Drehsocken

1. **Schlagen Sie 64** Maschen auf dem Nadelspiel an, und stricken Sie 4 cm im Bündchenmuster 1 M re, 1 M li im Wechsel.

2. **Arbeiten Sie weiter** im Zopfmuster wie folgt: 1. und 2. Rd: glatt rechts stricken. 3. Rd: »2 M auf eine Zopfnadel vor die Arbeit legen, 2 M re, M der Zopfnadel rechts stricken, 4 M rechts«. Den Rapport zwischen den » « fortlaufend wiederholen. 4. bis 6. Rd: glatt rechts stricken.

3. **In der 7. Rd** des Zopfmusters: »4 M rechts, 2 M auf eine Zopfnadel vor die Arbeit legen, 2 M re, M der Zopfnadel rechts stricken«. Den Rapport zwischen den » « fortlaufend wiederholen. 8. Rd: glatt rechts stricken. 1. bis 8. Rd fortlaufend wiederholen.

4. **Stricken Sie die** Ferse nach 18 cm ab Bündchen glatt rechts, ebenso die Sohle. Die Oberseite und Spitze weiter mit dem Zopfmuster stricken. Für die Fußlänge und Spitze richten Sie sich nach der Tabelle auf Seite 62.

TIPP Diese Socken sind besonders gut für Anfänger geeignet. Das melierte Garn der roten Socken und das Rechts-links-Muster verzeihen auch mal einen Fehler. Bei den Tweedsocken ist das Drehmuster ein guter Einstieg, um sich später auch einmal an schwierigere Zopfmuster zu wagen.

Musterhaftes in Bunt und Uni

Wie kleine Kunstwerke wirken diese außergewöhnlichen Socken, die es garantiert in keinem Laden zu kaufen gibt. Der Effekt entsteht durch Farbwechsel und Einstrickmuster.

MATERIAL

Bunt gemusterte Socke Gr. 38/39

- Je 50 g Regia 4-fädig Limone Nr. 2060, Hellblau Nr. 1945 und Weiß Nr. 600
- Nadelspiel Nr. 2,5 plus Zusatznadel

Kamelfarbene Mustersocke Gr. 38/39

- 100 g Regia 4-fädig Silk Kamel meliert Nr. 12
- Nadelspiel Nr. 2,5 plus Zusatznadel
- Zopfnadel

SO WIRD'S GEMACHT

Bunt gemusterte Socke

1 Schlagen Sie 64 M mit Weiß an, und stricken Sie 12 Rd glatt rechts. Dann 1 Rd Lochmuster: 1 U, 2 M re zus.str. im Wechsel. Anschließend 3 Rd glatt rechts arbeiten.

2 Stricken Sie nun das Muster A der Reihe 1 bis 5 ein. Nach weiteren 3 Rd weiß stricken Sie das Muster B, R 6 bis 13 im fortlaufenden Rapport 13 cm lang über den Schaft ein.

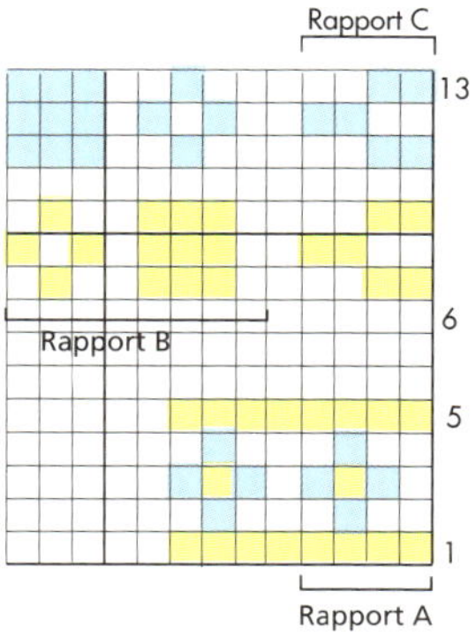

3 Die Ferse arbeiten Sie glatt rechts weiß, den Fuß stricken Sie auf der Oberseite mit Muster B weiter, auf der Sohle mit Muster C, ebenso die Spitze (→ Tabelle Seite 62, Angaben für Gr. 40/41 verwenden). Zum Schluss schlagen Sie die obere Kante entlang der Lochmusterreihe nach innen und nähen sie dort locker fest.

Kamelfarbene Mustersocke

1 Schlagen Sie 64 M an, und stricken Sie 12 Rd glatt rechts, dann 1 Rd Lochmuster (→ Schritt 1, bunt gemusterte Socke). Weiter 12 Rd glatt rechts stricken, dabei in der letzten Rd auf jeder Nadel 1 M abnehmen.

2 Nun das Einstrickmuster Reihe 1 bis 6 im fortlaufenden Rapport in Höhe und Breite 14 cm einarbeiten. Die Ferse stricken Sie glatt rechts.

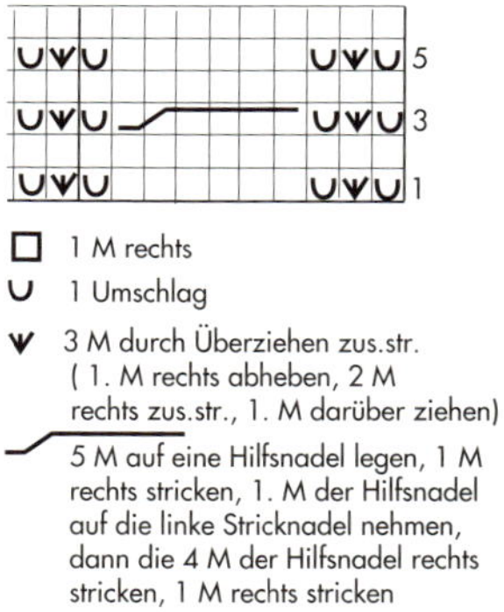

3 Das Einstrickmuster zu Beginn der 2. und am Ende der 3. Nadel jeweils der Breite nach über einen Rapport am seitlichen Fuß bis zur Spitze weiterlaufen lassen, die M am Spann und an der Sohle glatt rechts stricken. Nach 20 cm Fußlänge die Spitze mit rechten M gemäß den Angaben der Tabelle auf Seite 62 arbeiten. Abschließend bearbeiten Sie die obere Kante wie unter Schritt 3 der bunt gemusterten Socke.

Füßlinge für Turnschuhe

Ob zum Sport oder in der Freizeit, die Füßlinge passen perfekt zu Turnschuhen. Sie nehmen Schweiß prima auf und sehen dazu noch toll aus.

MATERIAL

Grün-blaue Patentfüßlinge Gr. 40/41

- Je 50 g Regia 4-fädig Sittichgrün Nr. 622 und Marine Nr. 324
- Nadelspiel Nr. 2,5 plus Zusatznadel

Hellblaue Füßlinge mit Rollrand Gr. 42/43

- Je 50 g Regia 4-fädig Hellblau Nr. 1945 und Granit Color Nr. 1912
- Nadelspiel Nr. 2,5 plus Zusatznadel

SO WIRD'S GEMACHT

Grün-blaue Patentfüßlinge

1 **Schlagen Sie mit** Sittichgrün 64 M auf dem Nadelspiel an, und stricken Sie das kurze Bündchen mit dem zweifarbigen Patentmuster wie folgt: 1. Rd: re M in Grün. 2. Rd: li Ma in Blau. 3. Rd: »1 M li, 1 M re in Grün, dabei bei der re M stets 1 Rd tiefer in die M einstechen, die M der Vor-Rd löst sich dabei auf«. Die Angaben zwischen den » « rundherum stets wiederholen.

TIPP Achten Sie darauf, wenn Sie nach der Ferse zusätzlich abnehmen, dass diese Abnahmen gleichmäßig sind, da sie durch das Muster gut zu sehen sind.

2 **Die 2. und 3.** Rd im weiteren Verlauf immer wiederholen. Nach 2 cm Patentbündchen arbeiten Sie die Ferse glatt rechts in Grün. Danach setzen Sie den Fuß im zweifarbigen Patent 21 cm bis zur Spitze fort.

3 **Die Spitze stricken** Sie glatt rechts mit Grün. Befolgen Sie dafür die Angaben der Tabelle auf Seite 62.

TIPP Füßlinge sind seit dem unschlagbaren Modeerfolg der Sneakers und Trainingsschuhe der absolute Hit, da sie viel besser als Socken oder Kniestrümpfe das Modebild ergänzen. Ganz schick ist es, wenn am oberen Rand ein kleines Bündchen wie der Roll- oder Patentrand aus den Schuhen hervorblitzt. Wer keine Sneakers oder Trainingsschuhe mag, den wärmen die Füßlinge auch beim Relaxen auf der Couch.

Hellblaue Füßlinge mit Rollrand

1 **Schlagen Sie 64** M mit Hellblau auf 4 Nadeln an, und stricken Sie 18 Rd glatt rechts. Daran anschließend sofort die Ferse mit Granit Color stricken, dabei arbeiten Sie die Zwischenrunden mit Hellblau.

2 **Den Fuß entsprechend** der Längenangabe der Tabelle von Seite 62 von der Fersenmitte ab 22 cm in Granit Color glatt rechts arbeiten. Für die Spitze stricken Sie erneut mit Hellblau, Details entnehmen Sie der Tabelle.

Kunterbunte Stulpensocken

Die fröhlichen Ringelstrümpfe sehen komplizierter aus, als sie sind. Die farbenprächtige Optik entsteht in erster Linie dank moderner Garne. Die Stulpen werden extra angesetzt.

MATERIAL

Blaue Ringelstrümpfe Gr. 38/39

- 150 g Regia 4-fädig Mini-Ringel Königsblau Nr. 5219
- Nadelspiel Nr. 2,5 plus Zusatznadel

Ringelsocken in Flammenoptik Gr. 36/37

- Jeweils Reste von Regia 4-fädig Himbeer Nr. 1258, Erika Nr. 2017 und Jaffa Nr. 1259
- 100 g Regia 4-fädig Ringel-Papagei Nr. 5047
- Nadelspiel Nr. 2,5 plus Zusatznadel

SO WIRD'S GEMACHT

Blaue Ringelstrümpfe

❶ **Schlagen Sie mit** Mini-Ringel für die Stulpe 26 M auf einer Nadel an, und stricken Sie nach folgender Einteilung: Rand-M, 6 M re, 1 M mit Umschlag rechts abheben, 7 M re, 1 M mit Umschlag rechts abheben, 9 M re, 1 Rand-M. In der Rück-R die M links stricken, die M mit Umschlag rechts zus.str.. Stricken Sie die Stulpe 30 cm lang, und ketten Sie alle Maschen ab.

❷ **Nun aus einer** langen Längskante der Stulpe gleichmäßig verteilt ungefähr aus jeder 2. Rand-M 60 M mit dem Nadelspiel herausstricken und den Schaft im Bündchenmuster 1 M re, 1 M li im Wechsel arbeiten. Nach 32 cm die Ferse glatt rechts einarbeiten, dabei müssen Sie darauf achten, dass die rechten Maschen der nach außen geschlagenen Stulpe auf der Außenseite liegen. Ist das nicht der Fall, die Socke vor der Ferse wenden.

❸ **Nach der Ferse** glatt rechts bis zur Spitze 20 cm weiterarbeiten. Auch die Spitze glatt rechts stricken (→ Tabelle Seite 62). Zum Schluss nähen Sie die Schmalseiten der Stulpe rechts auf rechts zusammen.

Ringelsocken in Flammenoptik

❶ **Schlagen Sie 22** M mit Jaffa auf einer Nadel an, und stricken Sie die Stulpe quer mit folgender Einteilung: 1 Rand-M, 6 M re, 1 M rechts mit Umschlag abheben, 6 M re, 1 M rechts mit Umschlag abheben, 6 M re, 1 Rand-M. In der Rück-R die M stricken, wie sie erscheinen, die M mit Umschlag rechts zus.str.. Der Farbwechsel von Jaffa zu Erika und Himbeer erfolgt nach jeweils 2 R.

❷ **Stricken Sie die** Stulpe 20 cm lang, und ketten Sie die Maschen ab. Dann stricken Sie aus einer Längskante gleichmäßig verteilt 60 M mit Ringel-Papagei auf ein Nadelspiel heraus und stricken den Schaft 11 cm glatt rechts. Danach die Ferse, den Fuß und die Spitze glatt rechts weiterarbeiten (→ Tabelle Seite 62).

❸ **Legen Sie die** Schmalseiten der Stulpe rechts auf rechts aufeinander, und nähen Sie sie zusammen.

Herrlicher Freizeitzopf

Das rustikale Paar Socken ist das ideale Geschenk für Männer, die gern draußen sind. Oder vielleicht strickt der Herr sie sich ja auch selbst?

MATERIAL

Gr. 44/45

- 100 g Regia 4-fädig Rauch Mouliné Nr. 617
- 50 g Regia 4-fädig Anthrazit meliert Nr. 522
- Nadelspiel Nr. 2,5 plus Zusatznadel
- Zopfnadel

SO WIRD'S GEMACHT

❶ **Schlagen Sie mit** Anthrazit 68 M an, und stricken Sie im Bündchenmuster 2 M re, 2 M li im Wechsel. Nach 3 Rd wechseln Sie zu Rauch Mouliné, auch damit 3 Rd im Bündchenmuster stricken. Das Bündchenmuster im Farbwechsel insgesamt viermal mit Anthrazit stricken, dann mit Rauch Mouliné für den Schaft weiterarbeiten.

❷ **Damit die Zöpfe** genau an den Seiten liegen, stricken Sie 9 M der 1. Nadel glatt rechts, dann den Zopfrapport. Bei der 3. Nadel ebenfalls 9 re M, dann den Zopfrapport stricken. Den Schaft mit Zopf 16 cm lang arbeiten.

TIPP Beim Einstricken des Zopfes auf beiden Seiten können Sie die Stricknadeln auch so verschieben, dass die Zöpfe ganz auf der 2. und 4. Nadel liegen. Bevor Sie mit der Ferse beginnen, müssen Sie die Maschen dann aber wieder auf die ursprünglichen Nadeln zurückschieben, sonst liegt sie falsch.

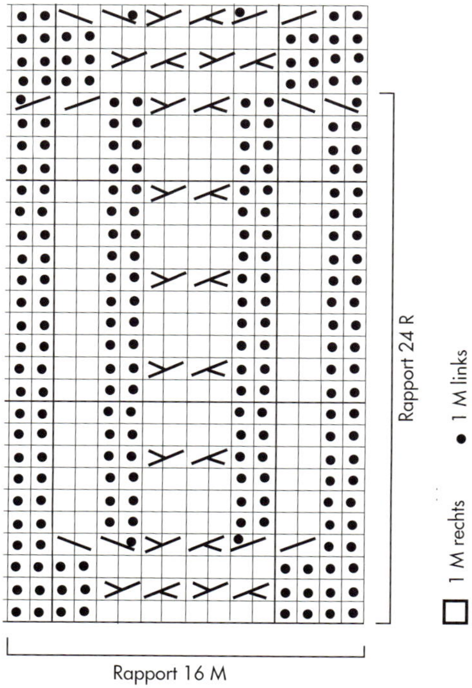

2 M auf eine Hilfsnadel vor die Arbeit legen, 2 M rechts, M der Hilfsnadel rechts stricken

2 M auf eine Hilfsnadel hinter die Arbeit legen, 2 M rechts, M der Hilfsnadel links stricken

2 M auf eine Hilfsnadel vor die Arbeit legen, 2 M links, M der Hilfsnadel rechts stricken

❸ **Stricken Sie die** Ferse mit Anthrazit glatt rechts. Den Fuß und die Spitze glatt rechts in Ringeln weiterarbeiten: 1 Rd (bzw. 3 Rd bei Fersenkäppchen) Anthrazit, »3 Rd Rauch, 3 Rd Anthrazit«. Für die Fußlänge und Spitze → Tabelle Seite 62.

Feinripp- und Ringelsocke

Die Wahl wird auch Ihrem Mann schwer fallen, wenn er sich entscheiden muss zwischen dem supersanften Rippenzopf oder dem extravaganten Ringelstrumpf.

MATERIAL

Ringelsocke Gr. 44/45
- 100 g Regia 4-fädig Cotton Delft Color Nr. 5433
- 50 g Regia 4-fädig Royalblau Nr. 540
- 50 g Regia 4-fädig Türkis Nr. 1255
- Nadelspiel Nr. 2,5 plus Zusatznadel

Feinrippsocke mit Zopf Gr. 40/41
- 100 g Regia 4-fädig Silk Graublau meliert Nr. 52
- Nadelspiel Nr. 2,5 plus Zusatznadel

SO WIRD'S GEMACHT

Ringelsocke

1 **Schlagen Sie 68** M mit Royalblau an, und stricken Sie 6 Rd im Bündchenmuster 2 M re, 2 M li im Wechsel. Weitere 6 Rd im Bündchenmuster mit Delft Color stricken, dann wieder 6 Rd mit Royalblau.

2 **Nun stricken Sie** glatt rechts weiter, im Wechsel »1 Rd Türkis, 4 Rd Delft Color, 1 Rd Türkis, 6 Rd Royalblau«.

3 **Damit das Ringelmuster** auch nach der Ferse gleichmäßig weiter läuft, stricken Sie den Schaft ab Bündchen ca. 14 cm lang. Vor Fersenbeginn sollten die letzten 3 Runden 1 Rd Türkis, 2 Rd Delft Color sein. Dann stricken Sie die Ferse mit Delft Color. Nach Beendigung der Ferse stricken Sie weiter mit 1 Rd Türkis. Nun arbeiten Sie die Ringel wie vorher 22,5 cm weiter bis zur Spitze, diese mit Delft Color stricken (→ **Tabelle** Seite 62).

Feinrippsocke mit Zopf

1 **Schlagen Sie 64** M auf den 4 Nadeln Ihres Nadelspiels an, und stricken Sie 4 cm im Bündchenmuster 2 M re, 2 M li im Wechsel.

2 **Ab jetzt stricken** Sie zusätzlich in die Rechtsrippen wie folgt einen Zopf ein: 1. Rd: »Stechen Sie in die 2. M im hinteren Maschenglied ein wie zum Rechts verschränkt stricken (→ **Seite 6, Bild 8**), und holen Sie den Faden durch, dabei bleibt die M auf der Nadel. Nun stechen Sie in die 1. M ein und stricken diese rechts. Beide Maschen von der Nadel gleiten lassen, 2 M li.«. 2. bis 4. Rd: »2 M re, 2 M li«. Zwischen den » « in jeder Rd fortlaufend wiederholen, Rd 1 bis 4 immer wiederholen.

3 **Stricken Sie das** Muster etwa 21 cm bis zur Ferse. Dann die Ferse glatt rechts arbeiten, dabei in den durchgehenden Fersenrunden das Muster auf der Oberseite fortsetzen. Den Fuß und die Spitze auf der Oberseite mit dem Muster fortsetzen, die Sohle glatt rechts stricken (Fußlänge und Spitze → Tabelle Seite 62).

TIPP Auch bei den Männern gibt es empfindliche Naturen. Verwöhnen Sie die Füße Ihres Liebsten mit den Feinrippstrümpfen aus Seide!

Wohlfühl-Socken

Wie wär's mit einem gemütlichen Wellness-Tag zu Hause? Nach dem Pflegeparcours erwarten die kuscheligen Socken Sie und Ihren Partner für ein gemütliches Beisammensein.

MATERIAL

Hellblau mit Patent für Ihn Gr. 44/45

- 100 g Regia 4-fädig Stretch Jeans Color Nr. 87
- 50 g Regia 4-fädig Stretch Taubenblau Nr. 53
- Nadelspiel Nr. 2,5 plus Zusatznadel

Füßlinge mit Blüte für Sie Gr. 40/41

- 100 g Regia 4-fädig Hell-Kamel meliert Nr. 17
- 50 g Regia 4-fädig Naturweiß Nr. 1992
- Nadelspiel Nr. 2,5 plus Zusatznadel

SO WIRD'S GEMACHT

Hellblau mit Patent für Ihn

❶ **Schlagen Sie mit** Jeans Color 68 M an, und stricken Sie im Bündchenmuster 1 M re, 1 M li im Wechsel.

❷ **Nach 3 cm** beginnen Sie für den Schaft das zweifarbige Patent. Dafür 1. Rd Jeans Color: re M; 2. Rd Taubenblau: li M; 3. Rd Jeans Color: 1 M re, dabei 1 Rd tiefer in das Maschenglied einstechen, die M der Vor-Rd löst sich dabei auf, 1 M li im Wechsel (achten Sie darauf, dass der Maschenrhythmus dem Bündchen entspricht).

❸ **Wiederholen Sie nun** die 2. und 3. Rd im Wechsel. Nach 17 cm Schaft glatt rechts mit Jeans Color die Ferse einarbeiten, danach in Ringeln 4 Rd Jeans Color, 2 Rd Taubenblau bis zur Spitze 22,5 cm glatt rechts weiterstricken. Die Spitze in Jeans Color beenden (→ Tabelle Seite 62).

Füßlinge mit Blüte für Sie

❶ **Gestrickt wird alles** in glatt rechts. Schlagen Sie zunächst 64 M mit Naturweiß an, und stricken Sie 5 cm. Dann mit Kamel 4,5 cm bis zur Ferse stricken. Die Ferse, den Fuß und die Spitze ebenfalls mit Kamelfarben glatt rechts arbeiten (Längenangaben → Tabelle Seite 62).

❷ **Sticken Sie etwa** 10 cm unterhalb des Rollrandes mittig die Blüte mit naturweißer Wolle im Maschenstich auf (→ Seite 15).

TIPP Jeder unifarbene Strumpf lässt sich mit Resten in passender Farbe im Maschenstich besticken. Sticken Sie die Blüte ruhig auch einmal auf einen bunten Strumpf.

Fan-Socken

Ob Fußball-, Handball- oder Eishockey-Fan, jeder wird sich unbändig freuen, wenn Sie Socken mit Aufschrift in seinen Clubfarben für ihn stricken.

MATERIAL

FC-Bayern-Socken Gr. 38/39

- Je 50 g Regia 4-fädig Weiß Nr. 600, Royalblau Nr. 540 und Hochrot Nr. 2054
- Nadelspiel Nr. 2,5 plus Zusatznadel

BVB-Dortmund-Socken Gr. 38/39

- Je 50 g Regia 4-fädig Gelb Nr. 2041 und Schwarz Nr. 2066
- Nadelspiel Nr. 2,5 plus Zusatznadel

SO WIRD'S GEMACHT

FC-Bayern-Socken

❶ **Schlagen Sie mit** Rot 60 M an, und stricken Sie 5 cm im Bündchenmuster »2 M re, 2 M li«. Danach fahren Sie ab dem Schaft mit glatt rechts fort. Damit der Schriftzug mittig verläuft, die Maschen auf den Nadeln um jeweils 7 M auf die nächste Nadel verschieben. Stricken Sie 3 Rd weiß, in der nächsten Runde stricken Sie das Einstrickmuster »F« in Blau-Weiß ein.

❷ **Bei der 3. Nadel** stricken Sie nach 2 M Einstrickmuster inkl. blauem Rand 3 M weiß, dann den Buchstaben, 3 M weiß und erneut das Einstrickmuster beginnend mit dem blauen Rand. Nach 5 Runden mit Muster erneut 3 Rd weiß stricken. Dann mit Rot den nächsten Buchstaben und das dazugehörige Einstrickmuster einarbeiten. Bis zum Buchstaben »A« nach diesem Prinzip weiterstricken.

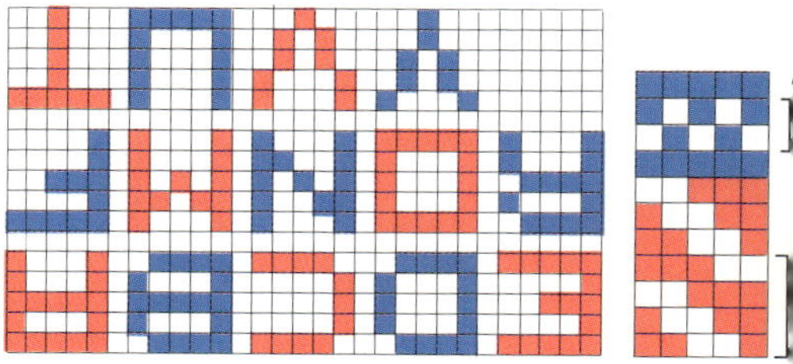

Dann die Ferse in Weiß stricken. Den Fuß mit Beschriftung ab dem »Y« arbeiten. Die Spitze ganz in Blau stricken (→ Tabelle Seite 62).

BVB-Dortmund-Socken

Schlagen Sie 60 M mit Gelb an, und stricken Sie 4 cm »2 M re, 2 M li«. Anschließend im gleichen Muster 1 cm mit Schwarz weiterstricken. Von nun an glatt rechts weiterarbeiten. Zunächst 3 Rd Gelb, dann wie bei den Bayern-Socken den Schriftzug einarbeiten. Dabei für die Streifen 1 Rd schwarz, 1 Rd gelb abwechseln. Für die Buchstaben und den gelben Hintergrund zwischen den Ringeln nehmen Sie jeweils ein separates Wollknäuel. Bis zur Ferse das »R« einarbeiten, danach die Beschriftung über den Fuß fortsetzen. Die Spitze in Schwarz stricken (→ Tabelle Seite 62).

TIPP Das Prinzip der Schriftgestaltung können Sie auch auf andere Buchstaben übertragen und damit andere Clubnamen stricken. Rechnen Sie aus, wie viele Buchstaben Sie auf die Fußlänge verteilen können, den Rest übertragen Sie auf die Schaftlänge.

Overknees und Legwarmer

Hier fällt die Auswahl schwer, denn beide Modelle sehen absolut cool aus. Stricken Sie sie am besten gleich für die ganze Familie, und vergessen Sie auch sich selbst nicht.

MATERIAL

Naturfarbene Legwarmer Gr. 122-134

- 100 g Regia 4-fädig Candy Color Nr. 5062
- Nadelspiel Nr. 2,5
- Zopfnadel

Blaue Overknees mit Fuß Gr. 40/41

- 200 g Regia 6-fädig Taubenblau Mouliné Nr. 2004
- Nadelspiel Nr. 4 plus Zusatznadel
- Zopfnadel

SO WIRD'S GEMACHT

Naturfarbene Legwarmer

1 Schlagen Sie 60 M verteilt auf 4 Nadeln an, und stricken Sie 5 cm lang im Bündchenmuster abwechselnd 1 M re, 1 M li. Dann im Rhythmus 3 M re, 2 M li weiterarbeiten. Dabei nach 14 Rd in jede 2. Rechtsrippe die ersten 2 re M hinter die Nadel auf eine Zopfnadel legen, dann 1 M re. Die beiden M der Zopfnadel re abstricken. Nach weiteren 14 Rd die dazwischen liegenden Rechtsrippen ebenso verzopfen. Das Zopfmuster nach 14 Rd immer wieder versetzt wiederholen.

2 Nach 27 cm ab Bündchen die M der 1. und 3. Nadel abketten. In der nächsten Rd auf diese Nadeln je 12 M anschlagen und nach 1,5 cm Bündchenmuster 10,5 cm glatt rechts bis zur Spitze stricken. Dann 1,5 cm Bündchenmuster arbeiten und alle M abketten.

Blaue Overknees mit Fuß

1 Schlagen Sie 58 M an, und stricken Sie ab der 1. Rd das Einstrickmuster nach der Strickschrift. Dabei die M wie folgt aufteilen: 38 M lang 2 M re, 2 M li im Wechsel, dann 20 M Zopfmuster stricken. Dabei in den geraden Rd die M stricken, wie sie erscheinen.

2 In der Höhe wiederholen Sie den Zopf (R 1 bis 45) so oft, bis der Schaft 55 cm lang ist. Dann 4 cm abwechselnd 1 M re, 1 M li stricken und die M abketten.

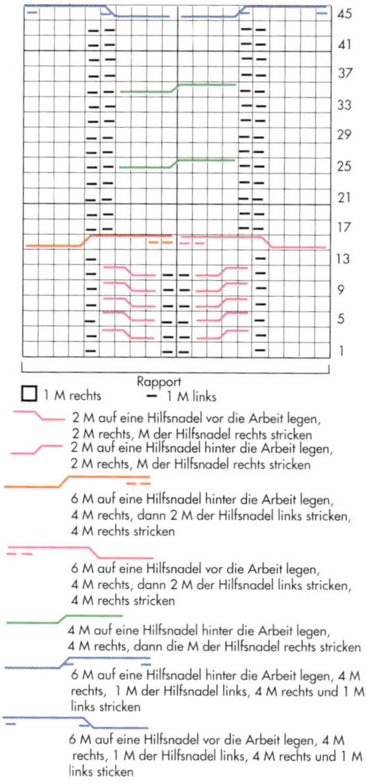

3 Auf der linken Bündchenseite am Bündchenbeginn 52 M herausstricken und glatt rechts 3,5 cm bis zur Ferse stricken. Die Ferse, den Fuß und die Spitze nach den Angaben der Tabelle auf Seite 62 fertig stellen.

Witzige Flip-Flop-Socken

Mit diesen extravaganten Sockenexemplaren brauchen Flip-Flop-Fans auch bei kühleren Temperaturen nicht auf ihr heiß geliebtes Schuhwerk zu verzichten.

MATERIAL

Socke mit Zehen Gr. 38/39
- 50 g Regia 4-fädig Crazy Electra Nr. 115
- 50 g Flauschgarn Schachenmayr Brazilia, Pink Nr. 33
- Rest Flauschgarn Schachenmayr Brazilia, Orange Nr. 26
- 2 Nadelspiele Nr. 2,5
- 2 Sicherheitsnadeln

Socke mit offenen Zehen Gr. 40/41
- 100 g Regia 6-fädig Crazy Bonbon Nr. 5402
- 50 g Flauschgarn Schachenmayr Brazilia, Orange Nr. 26
- Nadelspiel Nr. 3,5 plus Zusatznadel
- 2 Sicherheitsnadeln

SO WIRD'S GEMACHT

Socke mit Zehen

1. **Schlagen Sie mit** Brazilia Pink 60 M an, und stricken Sie 4 cm glatt rechts. Die Arbeit stilllegen. Nun schlagen Sie mit Crazy Electra 60 M an und stricken glatt rechts ebenfalls 4 cm. Stecken Sie die Nadeln mit dem Flauschgarn in die glatt gestrickten Runden, und stricken Sie mit Crazy Electra in der nächsten Runde jeweils 1 M des Flauschbündchens und des glatten Bündchens zusammen.

2. **Nach 4 Rd** glatt rechts Crazy Electra die Ferse arbeiten, danach im Abstand von 8 Rd immer 2 Rd Brazilia Orange oder Pink im Wechsel einstricken.

3. **Den Fuß 20 cm** bis zur Spitze stricken. Dann 20 M für den großen Zeh auf die beiden Sicherheitsnadeln legen. Über die übrigen M glatt rechts die Spitze weiterarbeiten nach den Angaben der Tabelle auf Seite 63. Dabei schlagen Sie als Steg zwischen der großen Zehe und den kleinen noch 4 M an.

4. **Für den großen** Zeh die Maschen der Sicherheitsnadeln auf 2 Nadeln legen, auf einer dritte Nadel stricken Sie aus den Stegmaschen noch 4 M heraus. Die Zehe gemäß der Tabelle von Seite 63 beenden.

Socke mit offenen Zehen

1. **Schlagen sie 52** M mit Crazy Bonbon an, und stricken Sie glatt rechts. Nach 4 cm 2 Rd Brazilia einstricken, nach weiteren 4 Rd mit Crazy Bonbon die Ferse einarbeiten (→ Tabelle Seite 62 für Regia 6-fädig).

2. **Nach der Ferse** stricken Sie immer 8 Rd Crazy Bonbon und 2 Rd Brazilia im Wechsel über 21,5 cm in den Fuß.

3. **An der Spitze** die Maschen aufteilen entsprechend der Tabelle für Zehensocken für Regia 4-fädig Seite 63, Größe 44/45. Den Steg wie für die Socken mit Zehen unter Schritt 3 und 4 beschrieben arbeiten, 4 Rd für die jeweiligen Zehen stricken, dann die Maschen locker abketten.

Elegant im Büro

Wer meint, selbst gestrickte Socken wären nur für die Freizeit, wird hier eines Besseren belehrt. Die edlen Modelle sind absolut bürotauglich und passen prima zum Anzug.

MATERIAL

Jeansblaue Socken Gr. 42/43

- 100 g Regia 4-fädig Silk Jeans meliert Nr. 53
- Nadelspiel Nr. 2,5 plus Zusatznadel

Dunkelrote Socken Gr. 44/45

- 100 g Regia 4-fädig Silk Burgund meliert Nr. 32
- 50 g Regia 4-fädig Silk Kamel meliert Nr. 12
- Nadelspiel Nr. 2,5 plus Zusatznadel

SO WIRD'S GEMACHT

Jeansblaue Socken

1 Schlagen Sie 64 M auf den 4 Nadeln Ihres Nadelspiels an, und stricken Sie 6 cm im Bündchenmuster 2 M re, 2 M li im Wechsel. Dann arbeiten Sie weiter nach der Strickschrift 23 cm bis zur Ferse. Dabei je nach Größe in der 1. Rd des Schafts entweder 4 M abnehmen oder 2 M zunehmen, damit die Maschenzahl für das Muster aufgeht.

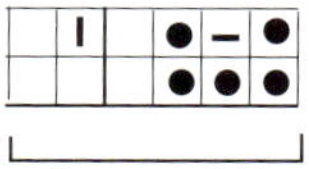

Rapport 6 M

- ☐ 1 M rechts
- ● 1 M links
- – 1 M li abheben, Faden vor der Masche
- I 1 M li abheben, Faden hinter der Masche

2 Die Ferse und die Sohle stricken Sie glatt rechts. Auf der Oberseite des Fußes und der Spitze setzen Sie das Strickmuster fort (Fußlänge und Spitze → Tabelle Seite 62). Bündchen halb umklappen.

Dunkelrote Socken

1 Schlagen Sie 68 M mit Burgunderrot auf den 4 Nadeln Ihres Nadelspiels an, und stricken Sie 3 cm im Bündchenmuster 1 M re, 1 M li im Wechsel. Anschließend stricken Sie glatt rechts 5,5 cm weiter.

2 Nun kommt der kamelfarbene Musterstreifen. Dafür stricken Sie 1 Rd Kamel, 1 Rd Burgunderrot, 1 Rd Kamel, 1 Rd Burgunderrot. In der nächsten Rd Kamel stricken sie 1 M re, bei der nächsten re M stechen Sie eine Rd tiefer ein, dadurch löst sich die M der Vor-Rd auf. Rundherum im Wechsel fortsetzen. Danach erneut je eine Rd Burgunderrot und Kamel arbeiten. Den Musterrapport nach jeweils 7 Rd Burgunderrot Abstand noch zweimal wiederholen.

3 Stricken Sie in Burgunderrot bis zur Ferse noch 5 cm glatt rechts, der Schaft ist dann ab Bündchen 21 cm lang. Anschließend arbeiten Sie die Ferse. Den Fuß und die Spitze stricken Sie nach den Angaben der Tabelle auf Seite 62.

TIPP Beide Socken sind ideal auch für Strickanfänger geeignet, da sie ganz leicht nachzumachen sind. Die Farben können Sie variieren und auf einen bestimmten Anzug abstimmen. Wenn Sie statt Blau- und Rottönen Anthrazit oder Schwarz verwenden, passen die Socken zu fast jedem Anzug.

Slipper für Ungeduldige

Die farbenfrohen Slipper sind ideal für Hausschuhmuffel, die dennoch nicht frieren wollen. Dazu sind sie schnell und einfach gemacht, denn sie werden ohne Ferse gestrickt.

MATERIAL

Pinkfarbene Erwachsenenslipper Gr. 40/41

- 100 g Regia 6-fädig Crazy Passion Nr. 5402
- Nadelspiel Nr. 3,5

Bunte Kinderslipper Gr. 28 bis 32

- 50 g Regia 4-fädig Stretch Color Crazy Electra Nr. 115
- Nadelspiel Nr. 2,5

SO WIRD'S GEMACHT

Die Slippersocken werden von der Ferse bis zur Mitte des Fußes in einem geraden Stück gestrickt, erst dann wird in Runden bis zum Ende der Spitze gearbeitet. Da die Socken wie Hausschuhe weit offen sind, sind sie sehr dehnbar. Für den Maschenanschlag orientieren Sie sich an den Tabellen von Seite 62 an Ihrer Größe minus 8 M. Für die Fußlänge bis zum Rundenbeginn richten Sie sich gemäß den Tabellen nach der Fußlänge ab Fersenmitte bis zur Spitze in Zentimetern, und stricken Sie ab Anschlag die Hälfte dieser Angabe plus 2 cm.

Pinkfarbene Erwachsenenslipper

1 **Schlagen Sie 44** M auf einer Nadel des Nadelspiels an, und stricken Sie kraus rechts, das heißt, in Hin- und Rück-R re M. Als Rand-M arbeiten Sie am Anfang jeder R eine re M, am Ende jeder R eine li M. Stricken Sie 12,5 cm in einem geraden Stück, und verteilen Sie in der letzten R die M gleichmäßig auf 4 Nadeln.

2 **Schließen Sie nun** die M zur Rd, und stricken Sie bis zur Spitze noch 10,5 cm glatt rechts weiter. Die Spitze entsprechend der Tabelle auf Seite 62 stricken. Dabei bestimmt die Maschenzahl, nach welcher Größe Sie sich für die Spitze richten (hier Gr. 34/35).

3 **Für die Ferse** legen Sie die Kante des Anschlags rechts auf rechts aufeinander, und nähen Sie die Kanten bis zur Hälfte der Naht von der offenen Seite her zusammen. Nun drücken Sie die Bruchkante auf die Naht, sodass sich die offenen Kanten quer aufeinander legen (wie ein auf dem Kopf stehendes »T«). Nähen Sie nun beidseitig der Mittelnaht die Quernähte zusammen. Slipper wenden.

Bunte Kinderslipper

1 **Schlagen Sie die** errechnete Maschenzahl auf einer Nadel an, und teilen Sie die M wie folgt ein: Rand-M re, 4 M kraus rechts (in Hin- und Rück-R re M), Maschenzahl minus 10 glatt rechts, 4 M kraus rechts, Rand-M li.

2 **Stricken Sie die** errechnete Länge in R, dann die M zur Runde schließen und auf ein Nadelspiel verteilen. Nun glatt rechts in errechneter Länge weiterstricken bis zur Spitze, diese ebenfalls glatt rechts beenden (→ Erwachsenenslipper, Schritt 2).

Nikolausstiefel

Diese zu Hüttenschuhen weiterverarbeiteten Socken sind der Hit in der kalten Jahreszeit! Seien Sie gewiss, dass Sie damit viel Aufmerksamkeit und Lob ernten werden.

MATERIAL

Größe 36/37

- 150 g Regia 6-fädig Hochrot Nr. 2054
- 50 g Regia 6-fädig Weiß Nr. 600
- 50 g Flauschgarn Schachenmayr Brazilia, Weiß Nr. 1
- Rest schwarze oder dunkelbraune Wolle
- 1 Paar Ledersohlen für Hüttenschuhe
- Stecknadeln
- Nadelspiel Nr. 4 plus Zusatznadel
- Häkelnadel Nr. 3

SO WIRD'S GEMACHT

1 **Schlagen Sie mit** Regia Weiß 48 M auf dem Nadelspiel an, und stricken Sie glatt rechts, dabei lassen Sie das weiße Flauschgarn mitlaufen. Arbeiten Sie nach 9 cm eine li Rd, dann weiter 2 cm glatt rechts stricken. Nun stricken Sie mit der roten Wolle im Rippenmuster »2 M rechts, 2 M li« weiter, vorher wenden sie die Stulpe auf die linke Seite.

2 **Stricken Sie den** Schaft 25 cm lang, bei kleineren Schuhgrößen entsprechend weniger (die Socke sollte bis zur Wadenmitte reichen). Nun arbeiten Sie die Ferse glatt rechts und lassen das Rippenmuster auf der Fußoberseite weiterlaufen bis zur Spitze (→ Tabelle Seite 62). Die Spitze glatt rechts beenden und die Stulpe nach außen schlagen.

3 **Häkeln Sie pro** Schuh eine 70 cm lange Luftmaschenkette mit einer Rück-R Kettmaschen aus schwarzer oder brauner Wolle. Diese Schnur ziehen Sie entlang der Schaft- und Fußmitte, beginnend an der Spitze, wie einen Schnürsenkel im Abstand von 3 cm durch den Nikolausstrumpf. Knapp unterhalb der Stulpe binden Sie die Bandenden zur Schleife zusammen.

4 **Nun legen Sie** den Fuß der Socke in eine Ledersohle. Stecken Sie die Spitze vorne in der Mitte und die Ferse in der hinteren Mitte durch die vorgestanzten Löcher der Sohle mit Stecknadeln fest. Fixieren Sie auch die seitlichen Kanten innen und außen mehrmals mit Stecknadeln.

5 **Fädeln Sie einen** schwarzen oder dunkelbraunen Wollfaden doppelt in Ihre Stopfnadel, und nähen Sie die Socke an der Sohle fest. Am besten geht das, wenn Sie die linke Hand in die Socke stecken und mit der rechten schräge Stiche rundherum in eine Richtung ausführen. Dann noch einmal schräge Stiche rundherum in der Gegenrichtung nähen, sodass ein Kreuzstich entsteht. Auf die Weise werden die Socken gleich doppelt an der Sohle fixiert. Den zweiten Nikolausstiefel arbeiten Sie genauso.

TIPP Ledersohlen für Hüttenschuhe erhalten Sie im Wollgeschäft oder Kurzwarenhandel. Damit können Sie aus jeder Socke Hüttenschuhe machen, die besonders von Kindern mit Begeisterung getragen werden.

Größentabellen

GRÖSSENTABELLE FÜR REGIA 4-FÄDIG

Größe	22/23	24/25	26/27	28/29	30/31	32/33	34/35	36/37	38/39	40/41	42/43	44/45	46/47
Maschenanschlag/ Maschenzahl je Nd	44/11	48/12	48/12	52/13	52/13	56/14	56/14	60/15	60/15	64/16	64/16	68/17	72/18
Maschenzahl für Fersenbreite	22	24	24	26	26	28	28	30	30	32	32	34	36
Maschenzahl Fersenaufteilung	7/8/7	8/8/8	8/8/8	8/10/8	8/10/8	9/10/9	9/10/9	10/10/10	10/10/10	10/12/10	10/12/10	11/12/11	12/12/12
Fußlänge von Fersenmitte bis Spitze in cm	11,5	12,5	14	14	15,5	17	18	18,5	20	21	22	22,5	24
Gesamte Fußlänge in cm	14,5	15,5	17	18	19,5	21	22	23,5	25	26,5	27,5	28,5	30
Abnahme für Spitze nach der 1. Abnahme in der 4. Runde								1 x	1 x	1 x	1 x	1 x	1 x
In jeder 3. Runde	1 x	1 x	1 x	2 x	2 x	2 x	2 x	2 x	2 x	2 x	2 x	2 x	2 x
In jeder 2. Runde	3 x	3 x	3 x	3 x	3 x	3 x	3 x	3 x	3 x	3 x	3 x	4 x	4 x
In jeder Runde	4 x	5 x	5 x	5 x	5 x	6 x	6 x	6 x	6 x	7 x	7 x	7 x	8 x

GRÖSSENTABELLE FÜR REGIA 6-FÄDIG

Größe	22/23	24/25	26/27	28/29	30/31	32/33	34/35	36/37	38/39	40/41	42/43	44/45	46/47
Maschenanschlag/ Maschenzahl je Nd	32/8	36/9	36/9	40/10	40/10	44/11	44/11	48/12	48/12	52/13	52/13	56/14	56/14
Maschenzahl für Fersenbreite	16	18	18	20	20	22	22	24	24	26	26	28	28
Maschenzahl Fersenaufteilung	5/6/5	6/6/6	6/6/6	6/8/6	6/8/6	7/8/7	7/8/7	8/8/8	8/8/8	8/10/8	8/10/8	9/10/9	9/10/9
Fußlänge von Fersenmitte bis Spitze in cm	12	12	13,5	14	15	16,5	17	18	20	21,5	22,5	23	24,5
Gesamte Fußlänge in cm	14,5	15,5	17	18	19,5	21	22	23,5	25	26,5	27,5	28,5	30
Abnahme für Spitze nach der 1. Abnahme in der 3. Runde								1 x	1 x	1 x	1 x	1 x	1 x
In jeder 2. Runde	2 x	3 x	3 x	3 x	3 x	4 x	4 x	4 x	4 x	4 x	4 x	4 x	4 x
In jeder Runde	3 x	3 x	3 x	4 x	4 x	4 x	4 x	4 x	4 x	5 x	5 x	6 x	6 x

BABY- UND KLEINKINDSOCKEN FÜR REGIA 4-FÄDIG

	BABYS		KLEINKINDER			
Größe	**10/11**	**12/13**	**14/15**	**16/17**	**18/19**	**20/21**
Maschenanschlag/Maschenzahl je Nadel	28/7	32/8	36/9	40/10	40/10	44/11
Maschenzahl für Fersenbreite	14	16	18	20	20	22
Maschenzahl Fersenaufteilung	4/6/4	5/6/5	6/6/6	6/8/6	6/8/6	7/8/7
Fußlänge von Fersenmitte bis Spitze in cm	5,5	6,5	7,5	8,5	9,5	10,5
Gesamte Fußlänge in cm	7,5	8,5	10,5	11,5	12,5	13,5
Abnahme für die Spitze nach der 1. Abnahme in der 3. Runde	1 x	1 x	1 x	1 x	1 x	1 x
In jeder 2. Runde	2 x	2 x	2 x	3 x	3 x	3 x
In jeder Runde	1 x	2 x	3 x	3 x	3 x	4 x

Die Angaben der Anleitungen beziehen sich immer auf die angegebene Größe. Die genauen Maschenzahlen, Fußlängen und Abnahmen entnehmen Sie den Tabellen für 4- und 6-fädige Wollstärken. Stricken Sie besonders locker, sollten Sie mit Nadeln einer halben oder ganzen Nadelstärke weniger arbeiten, ist Ihre Strickweise sehr fest, dann nehmen Sie eine halbe oder ganze Nadelstärke dickere Nadeln. Lässt sich der Musterrapport nicht der Maschenanzahl Ihrer Größe anpassen, stricken Sie den Schaft mit ein paar Maschen mehr oder weniger, sodass das Muster aufgeht. Die angegebene Maschenzahl für die Fersenaufteilung behalten Sie bei.

ZEHENSOCKEN FÜR REGIA 4-FÄDIG

Größe	**34/35**	**36/37**	**38/39**	**40/41**	**42/43**	**44/45**	**46/47**
Aufteilen der Maschen Maschen großer Zeh	16	20	20	22	22	22	26
Maschen einseitige Spitze	40	40	40	42	42	46	46
Maschenanschlag Steg	4	4	4	6	6	6	6
Einseitige Spitze Gesamte Maschenzahl	44	44	44	48	48	52	52
Abnahmen von jeweils 1 Masche nach der 1. Abnahmerunde in jeder 2. Runde	2 x	3 x	3 x	3 x	3 x	3 x	3 x
In jeder Runde	7 x	6 x	6 x	8 x	8 x	10 x	10 x
Abnahme von jeweils 2 Maschen in jeder Runde	4 x	4 x	4 x	4 x	4 x	4 x	4 x
Großer Zeh Gesamte Maschenzahl	20	24	24	28	28	28	32
Länge bis Spitzenbeginn in cm	3,5	4	4	4,5	4,5	5	5
Abnahme für die Spitze nach der 1. Abnahme in jeder 2. Runde	1 x	1 x	1 x	1 x	1 x	1 x	1 x
In jeder Runde	1 x	2 x	2 x	3 x	3 x	3 x	4 x

Über dieses Buch

Die Autorin
Heidi Grund-Thorpe, Modegrafikerin, Grafikdesignerin und Lehrerin, arbeitet seit mehreren Jahren im Kreativbereich für Frauenzeitschriften und Verlage. Sie hat bereits zahlreiche Bücher zum Thema Mode, Wohnen und Basteln veröffentlicht.

Die Fotografin
Inge Ofenstein arbeitet seit vielen Jahren als Fotografin für Werbung und Verlage. Ihre Fotoarbeiten wurden durch die Teilnahme bei der Expo 1998 als Mitglied der Künstlergruppe »Manna, Kunst für das Volk« ausgezeichnet.

Danksagung der Autorin
Ein herzliches Dankeschön gilt Steffi, Sabine und meiner Mutter für ihr unermüdliches und kreatives Stricken.

Bildnachweis
Alle Fotos Inge Ofenstein, München

Impressum

Weltbild Buchverlag
–Originalausgaben–

Projektleitung: Almut Seikel
Redaktion: Ursula Huber
Umschlagabbildung: Inge Ofenstein, München
Umschlaggestaltung und Innenlayout:
X-Design, München
DTP/Satz: Lydia Koch, Augsburg
Reproduktion: Point of Media GmbH, Augsburg
Druck und Bindung: TYPOS-Digital Print, spol. s r. o.,
Podnikatelska 1160/14, 320 59 Pilsen

Gedruckt auf chlorfrei gebleichtem Papier

Printed in Czech Republic

ISBN 3-89897-228-3

Stichwortverzeichnis